抗洪保电 湘豫同心

——先进事迹纪实

国网湖南省电力有限公司　编

中国水利水电出版社
www.waterpub.com.cn
·北京·

图书在版编目（CIP）数据

抗洪保电 湘豫同心 : 先进事迹纪实 / 国网湖南省电力有限公司编. -- 北京 : 中国水利水电出版社, 2022.2
ISBN 978-7-5226-0539-5

Ⅰ. ①抗… Ⅱ. ①国… Ⅲ. ①抗洪救灾－先进事迹－湖南、河南 Ⅳ. ①D632.5

中国版本图书馆CIP数据核字(2022)第042955号

书 名	**抗洪保电 湘豫同心——先进事迹纪实** KANGHONG BAODIAN XIANG-YU TONGXIN —— XIANJIN SHIJI JISHI
作 者	国网湖南省电力有限公司 编
出版发行	中国水利水电出版社 （北京市海淀区玉渊潭南路1号D座 100038） 网址：www.waterpub.com.cn E-mail：sales@mwr.gov.cn 电话：(010)68545888（营销中心）
经 售	北京科水图书销售有限公司 电话：（010）68545874、63202643 全国各地新华书店和相关出版物销售网点
排 版	中国水利水电出版社微机排版中心
印 刷	天津嘉恒印务有限公司
规 格	184mm×260mm 16开本 13.25印张 237千字
版 次	2022年2月第1版 2022年2月第1次印刷
印 数	0001—4030册
定 价	**98.00**元

本 书 编 委 会

主　　任　孟庆强

副 主 任　明　煦　晏治喜

委　　员　戴庆华　孙超武　谭军武　张孝军　杨　平
陈　勇　梁　剑　谢运来　潘　华　覃君松
夏哲辉　刘　崎

主　　编　覃君松

副 主 编　严竞翔　肖湘晨　潘道金

参编人员　李锦美　屠振宇　邹强鑫　刘莉莎　刘　柱
李煜庭　鄢汉科　童　诚　王　镯　邹　敏
易雨橙　杨　帆　谭　杰　傅冰云　王　勃

序

2021年7月，河南郑州等地遭遇特大暴雨，城市发生严重内涝，造成重大人员伤亡和财产损失。以习近平同志为核心的党中央高度重视河南抗洪保电工作，对防汛救灾作出重要指示，要求始终把保障人民群众生命财产安全放在第一位，抓细抓实各项防汛救灾措施。全国上下同舟共济，从中央到地方，从军队到民众，从企业到个人，勠力同心、众志成城，一大批英勇的“战士”日夜兼程，紧急驰援到灾区最前线、到人民群众最需要的地方，开展了一场英勇顽强的斗争。

时间就是生命，灾情就是命令。在这场突如其来的洪水灾情中，国家电网有限公司发挥集团化运作优势，紧急调动全公司资源全力支持河南。国网湖南省电力有限公司（以下简称国网湖南电力）党委认真贯彻习近平总书记关于防汛救灾的重要指示精神，坚决落实国家电网公司党组各项要求，闻讯而动，迅速组建支援河南的抗洪保电东方红共产党员突击队，成立临时党委和9个临时党支部，组织397名精兵强将、9台发电车、83台抢修车奔袭数百公里，星夜驰援。8个通宵达旦，队员们抢修复电，与高温搏斗，和时间赛跑，在艰苦卓绝的抗洪保电攻坚战中，用实际行动生动诠释了“人民电业为人民”的企业宗旨，以血肉之躯筑起了电力抗洪救灾的“铜墙铁壁”，为助力决胜河南、决胜郑州作出了积极贡献。

在这场抗洪保电攻坚战中，公司各级党组织充分发挥战斗堡垒作用，党员充分发挥先锋模范作用，团结带领广大职工，以坚定的脚步、一往无前的气概，冲锋在援豫防汛前线，奋战在供电服务保障一线，鲜红的党旗始终高高飘扬，指引着前行的方向。公司广大党员和职工拧成一股绳，将湖南人“吃得苦、霸得蛮、耐得烦”的精神充分地展现了出来，形成了强大的战斗力。这其中有肩负着国家电网公司党组和公司党委的嘱托，带着对河南人民的深厚情谊，日夜兼程，紧急驰援到灾区最前线去的397名精兵强将；有科学指挥、精心调度，全力保障电力可靠供应的支援抗洪保电的前线指挥部；有主动请缨到最艰苦的地方去，面对户外的变压器及配电间的供电设备上厚的淤泥、电缆井内洪水卷来的各种污秽、三伏天高温炙烤下的蚊蝇环绕，完成居民生活区电力抢修的“战士”；有勇挑重担、舍小家为大家的“电博士”赵邈、“全国优秀共产党员”周顺、“二胎”爸爸刘涛等先进典型。一大批忠于职守、善于攻坚、甘于奉献的先进典型竞相涌现，为全体干部职工树立了示范表率。

湘豫同心，共担风雨。支援河南抗洪保电的每一个瞬间都值得记录，每一个画面都值得印刻，每一名战士都值得尊重，每一个事迹都值得学习。先进典型是国网湖南电力的宝贵财富，但由于篇幅有限，在这里将部分先进事迹汇编成册，以形成持久的精神力量，成风化人、凝心聚力，以深入开展党史学习教育为契机，激励广大党员干部职工持续转观念、抓作风、强落实，推动公司和电网发展再上新台阶，为贯彻落实“一体四翼”发展布局，大力实施“三高四新”战略、奋力建设现代化新湖南作出新的更大贡献。

国网湖南省电力有限公司党委书记、董事长

国网湖南省电力有限公司党委副书记、总经理

目　录

伍　先锋模范

壹 领导关怀

LING DAO GUAN HUAI

辛保安董事长视频连线国网华中分部、河南电力检查防汛抢险保供电工作

担当作为迎难而上抓细抓实 筑牢电力抗洪救灾铜墙铁壁

7月21日，国家电网有限公司董事长、党组书记辛保安在公司总部与国网华中分部、河南省电力公司视频连线，检查防汛抢险保供电工作，慰问一线干部员工。辛保安强调，要坚决贯彻习近平总书记关于防汛救灾工作的重要指示精神，担当作为，迎难而上，举国家电网有限公司之力全力以赴做好防汛抢险保供电工作，筑牢电力抗洪救灾的“铜墙铁壁”。国家电网有限公司总会计师、党组成员罗乾宜，副总经理、党组成员陈国平参加视频连线。

习近平总书记高度重视防汛救灾工作并作出重要指示，强调各级领导干部要始终把保障人民群众生命财产安全放在第一位，最大限度减少人员伤亡和财产损失，并对加强重要基础设施安全防护提出明确要求。国家电网有限公司坚决贯彻、认真落实，第一时间启动应急响应，上下齐心、精心研判、科学指挥，各项工作有力、有序、有效，保证了大电网安全稳定运行，对河南抢险救灾发挥了重要的“生命线”保障作用。目前，国家电网有限公司累计出动抢修人员7411人、车辆1719辆，积极抢修受损变电站和跳闸线路，及时恢复重要用户供电。

国网河南郑州供电公司员工在郑大一附院全力抢修受损供电线路

国网河南郑州供电公司员工在雨中抢修受损供电设施

辛保安强调，灾情就是命令，救灾就是责任。要坚持国家电网有限公司“一盘棋”，确保电网安全、确保电力供应、确保一方平安。要加强组织领导、强化责任担当。大力发扬“特别负责任、特别能战斗、特别能吃苦、特别能奉献”的电网铁军精神，积极抢险救灾，尽早恢复供电。及时协调解决工作中遇到的困难和问题，狠抓措施落实，确保工作有力、有序进行。要抓实抓细措施、全力保障供电。加强对枢纽变电站、重点线路的巡视监测。确保医院、电视广播、排水设施等重要单位、重要部位电力可靠供应。全面排查变电站内涝及线路受灾情况，有序恢复供电。要科学合理救灾、避免次生灾害，妥善制定地铁、道路、建筑等现场抢险、抢修方案。严格遵守“水进、人退、电停，水退、人进、电通”原则，加强水淹用户送电安全管理，确保不发生人身伤亡事故。要发挥集团优势、凝聚救灾合力。强化跨区跨省协同合作，适时调集周边省份抢修力量开展紧急支援。执行24小时值班和领导带班制度，确保紧急情况第一时间妥善处置。做好政企应急联动、预警预报和信息共享。要强化党建引领、展现优良作风。党员干部要发挥好模范带头作用，共产党员服务队要冲锋在前、真情服务。各单位要关心关爱职工，做好后勤保障工作。加强宣传引导，向社会传递正能量。

国网河南郑州供电公司员工紧急抢修受损电力线路

国网河南电力员工对电力线路杆塔基础进行护坡加固

辛保安指出，在做好防汛抢险保供电工作的同时，要统筹抓好常态化疫情防控工作，落细落实各项防控措施，不断巩固疫情防控成果。要积极做好电网迎峰度夏工作，确保电力安全可靠供应。

国网天津电力应急保障队伍驰援河南

国网江苏电力组织应急保障力量支援郑州

国网陕西西安供电公司供电应急保障队伍驰援郑州

河南省政协主席刘伟到公司援豫抢修现场慰问

7月29日，河南省政协主席刘伟来到郑州大学第一附属医院抢修现场，看望慰问公司援豫保电的一线干部员工。

刘伟向公司援豫保电队员的无私奉献致以崇高敬意和衷心感谢，并将写有“抗洪抢险勇担当　危难相助见真情”的锦旗和感谢信送到公司前线指挥部负责人手中。

刘伟指出，灾害面前，国家电网有限公司勇于担当、挺身在前，广大电力员工响应号召、驰援河南，迅速投入到紧张有序的工作中。他表示，在习近平总书记和党中央的坚强领导下，在全国各地的大力支援下，河南有信心、有决心打赢防汛救灾和灾后恢复重建的硬仗。

河南省军区、省政协有关负责同志陪同慰问。

华中分部党委书记肖黎春慰问公司援豫队员

7月29日下午，国网华中分部党委书记、副主任肖黎春，副主任、纪委书记、工会主席张小牧一行，来到公司援豫前线指挥部，看望慰问奋战在抗洪保电一线的干部员工。

肖黎春代表华中分部党委，对湖南公司援豫队员的辛劳付出表示感谢，对保电工作阶段性成效给予肯定。他指出，汛情发生后，国网湖南电力迅速成立东方红共产党员突击队，抽调精干力量火速驰援河南，夜以继日连续奋战，协助加快抢修恢复电力设施进度，全力保障郑州人民正常用电，为打赢河南抗洪保电攻坚战作出了重要贡献。

国网河南电力党委副书记、副总经理陈昭功，国网华中分部相关部门负责人等陪同慰问。

孟庆强董事长为支援河南抗洪保电东方红共产党员突击队授旗

7月22日下午，国网湖南电力首批支援河南抗洪保电东方红共产党员突击队员集结出征。公司董事长、党委书记孟庆强为突击队授旗并做动员讲话，总经理、党委副书记明煦主持出征仪式，党委副书记、副总经理晏治喜宣读关于成立国网湖南电力支援河南抗洪保电保障队临时党委的决定，副总经理、党委委员戴庆华、孙超武，党委委员、工会主席谭军武，副总经理、党委委员张孝军，党委委员、纪委书记杨平出席仪式。

自河南突发暴雨灾情以来，公司党委高度关注，闻讯而动，迅速集结，组织397名精兵强将、9台发电车、83台抢修车奔袭数百公里，星夜驰援。8个通宵达旦，队员们抢修复电，与高温搏斗，和时间赛跑，在艰苦卓绝的抗洪保电攻坚战中，用

实际行动生动诠释了“人民电业为人民”的企业宗旨，以血肉之躯筑起了电力抗洪救灾的“铜墙铁壁”。

孟庆强代表公司党委向队员们表示崇高的敬意并对队员家属表示感谢。他嘱托出征队员，当前作为河南防汛抢险保供电的关键阶段，正是需要彰显家国情怀、勇于担当作为、体现“六个力量”重要作用的时刻。一要牢记习近平总书记重要指示精神，按照国家电网公司统一部署，冲锋在前、真情服务，让国网湖南电力东方红共产党员突击队的旗帜在抢险救灾保电一线高高飘扬。二要发扬湖南人民“吃得苦、耐得烦、扎硬寨、打硬仗”的优良传统，与国网河南公司密切配合、并肩作战，打好打赢防汛抢险保电攻坚战，展现“湘电铁军”的能力水平和过硬作风。三要注意劳逸结合、互助互爱，做好各项防护措施，确保自身健康安全，斗志昂扬去，平平安安回。

明煦指出，支援河南抗洪保电，是落实习近平总书记重要讲话精神、检验党史学习教育成效的重要举措，是践行初心使命、保障人民用电需要的具体行动。支援河南抗洪保电的国网湖南电力东方红共产党员突击队队员是最英勇的战士、最无私的志士、最坚韧的斗士，此去抗洪抢险困难重重，但各位队员意志坚定、斗志昂扬，必将克服一切艰难险阻，打好打赢支援河南抗洪保电攻坚战，用实际行动为党旗增光添彩。

设备部潘华主任代表公司支援河南抗洪保电东方红共产党员突击队做了表态发言。

明煦总经理慰问援豫一线保电队员

情系前线，共克时艰。7月27日上午，国网湖南电力总经理、党委副书记明煦一行抵达河南郑州，代表公司党委和孟庆强董事长，亲切慰问公司援豫保电一线人员，安排部署重点工作。公司党委委员、工会主席谭军武，国网河南电力党委委员、纪委书记张立军参加慰问。

在前线指挥部，明煦主持召开座谈会，仔细听取汇报，对一线人员的艰辛付出和工作进展给予充分肯定。他说，前线的一举一动都时刻牵挂着公司党委和广大职工的心。保电队员抵达郑州以来，制度健全有效、指挥有力有序、抢修进展迅速，得到了河南广大人民和社会各界的一致认可和好评。

明煦强调，一是要切实提高思想认识。充分理解支援河南防汛抢险的重要意义，带着对党和人民深厚的感情，牢固树立国家电网“一盘棋”思想，保持昂扬的斗志和进取的姿态，继续做好各项工作。二是要积极抢修快速供电。以专业专注的精神、高度负责的态度，用最大努力和最高效率开展抢修，为人民群众提供生产生活用能保障。三是要压实责任确保安全。牢固树立“安全第一”指导思想，牢记孟庆强董事长在出征仪式上“斗志昂扬去，平平安安回”的殷切嘱托，强化落实“五防三禁止”等具体要求。四是要提供坚强后勤保障。坚持防疫与消毒并重，确保员工以健康的身体、充沛的体力、旺盛的战力投身工作。五是要认真总结经验，转化为今后的工作举措，不断提升公司应急响应和灾害处置能力。六是要大力宣传先进典型。深入挖掘抗洪一线感人事迹，运用新闻宣传和工作简报等多种形式，展现公司上下众志成城应对大考的工作成效。

谭军武对援豫人员良好的精神面貌和出色的工作业绩给予肯定。他指出，越是在交叉繁重的任务中，越是要统筹好安全生产、疫情防控、后勤保障等工作。同时，要把援豫保电的难忘经历转化为锻炼队伍的宝贵经验，展现良好形象，继续增光添彩。

期间，明煦一行还深入铁道家园保电现场、河南省委党校和家属区抢修现场，以及国网郑州供电公司等地，向公司保电人员转达党委的深情牵挂，询问应对举措、安全措施及抢修进展情况，叮嘱大家保重身体、合理安排，圆满完成各项任务。

截至27日上午，公司共计完成抢修任务44项，恢复供电小区52个，恢复供电用户32384户。

公司后勤部、工会负责人，国网河南电力相关部门负责人等陪同慰问。

贰

感谢信

GAN XIE XIN

中共河南省委　河南省人民政府

感谢信

国网湖南省电力有限公司：

7月17日以来，河南遭遇历史罕见的极端特大暴雨天气，防汛抢险救灾任务十分艰巨。汛情就是命令，安澜就是责任。面对突发洪涝灾害，在党中央、国务院坚强领导和国家防总的指挥调度下，全省人民同舟共济、并肩作战，人民解放军指战员、武警部队官兵和消防应急救援队伍逆行出征、向险而行，各抢险救援力量不畏艰难、千里驰援，共同抵御这场暴雨洪灾，为夺取防汛抢险救灾阶段性胜利作出了重要贡献。

患难显担当，豫见有真情。贵单位坚决贯彻落实习近平总书记关于防汛救灾工作重要指示，选派最优秀人员、最精良装备、最急需资源，积极参与人员搜救、积水抽排、灾后重建等工作，充分展示出“万众一心、众志成城，不怕牺牲、顽强拼搏，坚韧不拔、敢于胜利”的伟大抗洪精神。在此，谨向你们致以最崇高的敬意和最衷心的感谢！

上下同欲者胜，风雨同舟者兴。当前，防汛抢险救灾形势依然严峻。“烟花”台风又带来新的风险挑战，夺取防汛抢险救灾全面胜利还需持续努力。我们坚信，在以习近平同志为核心的党中央坚强领导下，有社会各界的倾力相助，有全省人民的共同努力，我们一定能同舟共济、共克时艰，坚决打赢这场防汛抢险救灾攻坚战！

中共河南省委

河南省人民政府

2021年7月28日

表彰先进

BIAO ZHANG XIAN JIN

国家电网有限公司关于表彰河南特大暴雨抗洪抢险保供电先进单位、先进个人的决定

总部各部门，各机构，各分部，公司各单位：

7月20日，河南多地遭遇历史罕见极端强降雨，郑州、新乡等城市发生严重内涝，电网运行、供电保障受到严重影响。公司党组坚决贯彻习近平总书记关于防汛救灾工作的重要指示精神，全面落实党中央、国务院决策部署，迎难而上、勇挑重担，坚持全公司"一盘棋"，全力以赴做好抗洪抢险保供电工作。截至8月4日，河南受灾地区全面恢复供电，电网安全稳定运行，人民生产生活恢复正常，公司应对河南特大暴雨抗洪抢险保供电任务圆满完成，向党和人民交出一份优异答卷。

在应对河南特大暴雨抗洪抢险保供电工作中，公司第一时间启动应急响应，充分发挥大电网统一调度和集团运作优势，全系统调集人员物资，国网河南电力迅速投入2.7万余人开展抢险救灾，各单位闻令而动，1.5万余名业务骨干组成的300多支抢险队伍，星夜兼程奔赴河南。公司主要负责同志坐镇一线指挥协调，广大电网员工无畏艰险、冲锋在前，夜以继日、英勇奋战，克服积水严重、道路中断、抢修条件异常复杂等困难，以最快速度恢复用户供电，用热血和忠诚筑牢了电力抗洪救灾的铜墙铁壁。期间，涌现出了一大批先进典型和许多感人事迹，他们以实际行动深刻诠释了新时代电网人的家国情怀，生动展现了"特别负责任、特别能战斗、特别能吃苦、特别能奉献"的电网铁军精神，鲜活演绎了"人民电业为人民"的企业宗旨，充分彰显了央企"大国重器"的责任担当。

为表彰先进，充分发挥先进典型的示范引领作用，公司决定：授予国网河南省电力公司"河南特大暴雨抗洪抢险保供电突出贡献单位"荣誉称号；授予国网山东省电力公司等33家单位"河南特大暴雨抗洪抢险保供电先进单位"荣誉称号；授予刘昌盛等450名同志"河南特大暴雨抗洪抢险保供电先进个人"荣誉称号；向国网河南省电力公司郑州供电公司等10支抗洪抢险队伍颁发"抗洪抢险保供电突击队"奖牌；向国网福建省电力有限公司福州供电公司等67支抗洪抢险队伍颁发"援豫抗

洪抢险保供电突击队”奖牌（名单见附件）。

希望受到表彰的先进单位和个人，珍惜荣誉，再接再厉，为公司发展再立新功。公司号召广大干部员工要以获表彰同志为榜样，坚守“人民电业为人民”初心使命，立足本职，攻坚克难，锐意进取，担当实干，加快建设具有中国特色国际领先的能源互联网企业，为全面建设社会主义现代化国家、实现中华民族伟大复兴的中国梦而不懈奋斗！

附件：1. 河南特大暴雨抗洪抢险保供电突出贡献单位名单（略）

2. 河南特大暴雨抗洪抢险保供电先进单位名单

3. 河南特大暴雨抗洪抢险保供电先进个人名单

4. 抗洪抢险保供电突击队名单（略）

5. 援豫抗洪抢险保供电突击队名单

国家电网有限公司

2021年8月23日

附件2

河南特大暴雨抗洪抢险保供电先进单位名单

（仅列国网湖南电力先进单位）

国网湖南省电力有限公司

附件3

河南特大暴雨抗洪抢险保供电先进个人名单

(仅列国网湖南电力先进个人)

朱　亮　国网湖南省电力有限公司设备部副主任（三级正职）

唐　信　国网湖南省电力有限公司检修公司党委书记、副总经理

谢文亮　国网湖南省电力有限公司后勤部副主任

王锦文　国网湖南省电力有限公司安全管控中心安全稽查总队四组组长

侯建明　国网湖南省电力有限公司党委宣传部政治宣传处（新闻处）处长

李锦美　国网湖南省电力有限公司党委党建部组织建设处（数据处）副处长

赵　邈　国网湖南省电力有限公司电科院配网技术中心配电一次组组长、检修师（五级职员）

谢振宇　国网湖南省电力有限公司物资公司物资供应部副主任

吴　堃　国网湖南省电力有限公司湘江新区供电公司副经理

陈文乾　国网湖南省电力有限公司炎陵县供电公司纪委书记、工会主席

何　亮　国网湖南省电力有限公司湘潭供电公司配网管理部副主任

周　顺　国网湖南省电力有限公司沅江公司客户服务中心副主任

陈　嵩　国网湖南省电力有限公司岳阳供电公司变电检修公司安全监察室主任

李　炜　国网湖南省电力有限公司常德供电公司配网管理部主任

张　蕊　国网湖南省电力有限公司益阳供电公司运维检修部副主任

阳　斌　国网湖南省电力有限公司娄底供电公司安全总监

附件5

援豫抗洪抢险保供电突击队名单

（仅列国网湖南电力突击队）

国网湖南省电力有限公司娄底供电公司

国网湖南省电力有限公司长沙供电公司

国网湖南省电力有限公司岳阳供电公司

国网湖南省电力有限公司株洲供电公司

肆

战斗堡垒

ZHAN DOU BAO LEI

湘豫同心　使命必达

——记国网湖南电力支援河南抗洪保电保障队临时党委

◎文 / 李锦美

国网湖南电力支援河南抗洪保电保障队（以下简称“保障队”）共有队员397名，其中党员98名。队员来自公司设备部、党建部、宣传部、后勤部等部门，安全管控中心、电科院、检修公司、物资公司、后勤中心等支撑机构，以及长沙、株洲、湘潭、常德、岳阳、娄底、益阳、邵阳、永州、郴州、怀化、张家界等供电公司。保障队设临时党委，下设党委办公室和9个临时党支部，公司设备部副主任朱亮（三级正职）任党委书记，检修公司党委书记唐信任党委副书记，设备部副主任雷云飞任宣传委员、后勤部副主任谢文亮任组织委员、安全管控中心稽查四组组长王锦文任纪检委员、电科院三级职员周舟任群（青）工委员。保障队主要负责郑州城北、城西、荥阳、城东、经开、郑东、上街等供电区域部分小区的抢修保电工作，累计完成62个小区、41076户居民恢复供电，圆满完成27个重要场所、627台时的保电工作。

7月23日，临时党委在驻地召开第一次会议，审议临时党委委员分工和各临时党支部委员人选

2008年，湖南电网遭遇特大冰灾，河南人民义无反顾千里驰援，在最紧要关头给予无私的帮助和支持，与湖南人民结下了深厚情谊。驰援河南，既是义之所在，也是情之所系。

7月21日至22日，公司迅速集结了397名队员（其中党员98名、入党积极分子2名），9台发电车，83台抢修、后勤车，带着国家电网公司党组和公司党委的嘱托，带着对河南人民的深厚情谊，分三个批次义无反顾、昼夜兼程奔赴河南抗洪保电一线。

在现场成立的临时党委带领下，98名党员冲锋在前、攻坚克难，全体队员充分发扬湖南人“吃得苦、耐得烦、扎硬寨、打硬仗”的优良传统，与河南电力密切配合、并肩作战，用光明点亮希望，用服务彰显价值，成功取得了抗洪保电攻坚战的全面胜利。

高标站位，务实高效加强党的领导

抢修保电工作高效推进，离不开党委坚强有力的领导。7月21日，从湖南出发后，保障队迅速落实公司党委制订的《国网湖南电力支援河南抗洪保电保障队临时党委成立方案》，途中通过电话、微信等方式，讨论党委委员分工和各支队、临时党支部组建方案，对接国网河南电力研究抢修保电、后勤保障等工作，确保队伍到达后能够迅速进入战斗状态。

在举国上下驰援河南的关键时刻，7月23日晚上9点，保障队在郑州驻地召开临时党委第一次（扩大）会议，成立前线指挥部，设置5个工作小组、7支抢修支队和1支发电支队，建立临时党委（总协调）工作群和日例会、日报机制，设置抢修工作看板，安排部署下一步工作，确保领导坚强有力、指挥精准高效。

为进一步确保队伍思想统一、步调一致，临时党委第一时间组织全体党员学习习近平总书记关于防汛救灾工作的重要指示精神，学习河南省委、国家电网公司党组和公司党委有关讲话精神，加强思想政治建设，引导全体队员以昂扬向上的精神状态和优良的工作作风积极投身抗洪抢险保供电的任务中。

临时党委集体审议抗洪保电、典型选树、发展党员等工作

精心组织，争分夺秒恢复居民供电

“我们一定要确保抢修高效率、高质量和队员安全健康，展现湘电铁军的一流水平和过硬作风。”在日例会上，党委书记朱亮对各党支部书记说。为了提高抢修复电效率，临时党委在对口支援城北供电部基础上，还主动对接受灾较严重的城西供电部，建立分片抢修承包机制，全力恢复居民供电。

在经历千年一遇的强降雨后，许多小区的配电房长时间泡在水里，在水退之后供电设备上覆盖着厚厚的淤泥，查勘、通风、消杀、冲洗、除污、烘干、检测、维修、调试等工作量非常大，同时队员们还要面临三伏天高温酷暑的严峻考验。临时党委精准梳理抢修任务，不断优化问题分析、现场查勘、任务下达、抢修实施工作流程，推动运维、营销、抢修人员深度融合，确保情况明、责任清、措施实、效率高。为提高沟通联络效率，减轻现场工作人员负担，指挥部开发了作业信息填报小程序，实现了作业信息实时填报。全体党委委员身先士卒、靠前指挥，审核抢修方案、协调物资配送，确保各项工作有序推进。

“省委党校抢修队伍的工作作风、敬业精神、专业素养、救灾能力等，非常令人感动、也很受启发，别的队伍平时做不到的，湖南的队伍在抢修时做到了。我们

7 月 27 日，临时党委委员陪同明煦总经理到作业现场慰问抗洪保电队员

要成立专班深挖总结形成典型案例，纳入今后党校教案。”河南省委党校副校长牛春堡对公司抢修队伍的表现赞不绝口。

“来电了！来电了！”听到小区居民阵阵欢呼的那一刻，全国优秀共产党员周顺长舒了一口气。随着作业现场一次次传来捷报，截至7月30日，保障队圆满完成了56项抢修任务、信息归档和工作交接，累计恢复供电41076户，完成27个场所、627台时的保电工作，赢得了河南人民的高度赞誉，不断有群众拿着锦旗、八宝粥、矿泉水等慰问突击队员。在完成抢修任务后，听说突击队员们要走，居民们自发上前帮助收拾电缆等物资，站在抢修车两侧齐声呼喊“欢送英雄”“感谢你们”，汇成了一条条传递湘豫深情的纽带。

从严管控，全力以赴确保员工安全健康

抢修时间紧、任务重、点多面广，且同时面临潮湿环境触电、高低压倒送电伤害、有毒有害气体侵害等多重安全风险。临时党委坚持把安全放在首位，强化作业现场安全风险管控，制定《支援河南抗洪保电期间安全管控工作方案》，规定抢修作业前必须实施现场联合查勘，稽查组与抢修队员同进同出，严格落实“五防五禁止”刚性要求，做到安全责任不清楚不抢修、抢修现场情况不明不抢修、安全组织技术措施未落实不抢修，做到安全稽查100%覆盖，确保现场作业安全。公司稽查组的同志在微信群中强调，“公司稽查组按‘四不两直’对作业面进行稽查，请各队到达现场后上传抢修地点定位和作业文本、站队三交、安措照片，未上报的按管理性严重违章顶格处理。”

为保障现场抢修作业安全和人员身体健康，后勤工作组高度重视队员后勤保障，密切对接河南电力，科学配备生产生活物资，严格组织3个生活区和浸泡后抢修作业区域施工前的防疫消杀工作，确保不发生疫情、中毒、中暑等情况。

旗帜领航，凝心聚力筑牢坚强堡垒

“我愿以共产党员的标准要求自己，冲在抗洪保电最前线，请党组织考验我！”在抗洪保电攻坚阶段，40名队员在一线向临时党支部递交了入党申请书。

到达河南后，临时党委迅速在各临时党支部中成立党员突击队9支，组织集体学习党中央和上级精神，在作业现场高扬先锋旗帜，在抢修、发电车上张贴体现湘电元素的标语，组织党员亮身份、亮职责、亮承诺，比作风、比技能、比业绩，带动全体队员忠诚履职、为民服务、严守纪律，筑成了一个个坚不可摧的移动堡垒。

接到驰援郑州的电话后，电科院党员赵邈曾有片刻犹豫，一边是住院近半年需要陪护的母亲，一边是翘首企盼援助的河南同胞。去，还是不去？作为一名党员，就应该责无旁贷！作为一名专业技术人员，这是组织需要我的关键时刻！赵邈心中有了答案。安顿好母亲，赵邈带着试验仪器踏上了奔赴郑州的征程。牛砦供电所所在区域受灾面积极大，技术过硬的长沙公司党员刘涛主动请缨前往牛砦供区托斯卡纳小区查勘受灾现场。为尽快复电，他在37度高温下迈着急促的步伐检查受灾情况，微信步数半天内便突破了两万。经过30多小时连续奋战，小区送电成功。刘涛来不及与居民分享喜悦，便第一时间赶赴下一个抢修现场。在党和人民需要的关键时刻挺身而出，在急难险重任务中冲锋在前，这是湘电党员们的缩影。

酒香不怕巷子深。前线的先进事迹不断涌现，吸引了社会各界的高度关注，河南省委省政府、郑州市委市政府等送来52面锦旗表示感谢，省级以上主流媒体报道临时党委先进事迹367条次。

河南省委省政府、郑州市委市政府等送来锦旗

党旗高扬 堡垒牢筑

——记国网湖南电力支援河南抗洪保电第一临时党支部

◎文 / 董卓

国网湖南电力支援河南抗洪保电第一临时党支部（以下简称第一党支部），由前线指挥部党员组成。支部书记为湖南省检修公司党委书记唐信。支部成员共计36名，其中党员18名，均是来自国网湖南电力设备部、后勤部，省检修公司、省电科院、省物资公司、安全管控中心、后勤中心的精英骨干。负责从安全管控、技术保障、后勤服务、党建宣传、综合协调等方面对现场9个临时党支部进行统筹调配，并与大家一起深入一线开展现场工作。

闻令而动，牢筑前线“桥头堡”

“截至7月29上午，作为前线指挥部的第一党支部已接到抢修任务56项，闭环53项。目前已完成62个小区、13条10千伏线路、140台配变的抢修任务。36151户居民

恢复供电……”一个星期以来，在河南郑州抗洪保电过程中，第一党支部全体党员始终冲锋在前、身先士卒，充分彰显了“桥头堡”“领头雁”“排头兵”的模范带头作用。

灾情就是命令。7月22日起，来自三湘大地的397名电力员工，92台车辆陆续抵达郑州。

23日，大部队刚风尘仆仆赶到郑州，便迅速集结人员召开现场工作研讨会。“我们大部分人员脚才刚沾地，行李还没来得及放下。大家来到这里，最关心的是如何迅速投入‘战斗’，个人的衣食住行早就抛到脑后了。”第一党支部书记唐信如是说。按照公司的精准部署，现场人员高效成立了国网湖南电力支援河南抗洪保电临时党委和前线指挥部，并按职责分工设置5个工作小组、9个临时党支部和8支抢修支队。临时党委委员和前线指挥部人员均设置在第一党支部。

为确保各个抢修支队之间高效协同、忙而不乱，第一党支部坚持靠前指挥，结合现场查勘实际，细化职责分工，建立日例会、日报机制，确保指挥精准高效、各项工作有序推进。在任务承接方面坚持民生为上，在开展所承担的城北抢修的同时，主动对接受灾较严重的城西公司。在抢修过程中坚持精益管理，精准梳理抢修任务，

国网湖南电力支援河南抗洪保电队伍集结出发

统一分解、签发后以工单形式下达支队，确保情况明、责任清、措施实。在协同联动时坚持效率为主，“沉浸式”对接牛砦供电所，推动运维、营销、抢修人员深度融合，大幅提高工作效率。

“靠前指挥，就是要扎到最前线指挥。”临时党委、第一党支部的各位党员干部是这样说的，也是这样做的。在各个抢修现场，经常能看到党委书记朱亮、副书记唐信穿着雨鞋，带着抢修人员深一脚、浅一脚地奔赴现场查勘险情、商量抢修方案。“有了朱书记、唐书记的带领和指挥，再硬的骨头我们也敢啃下来。”一直扑在最前线开展设备抢修的党员张进如是说。

“一顿饭没吃、一晚觉没睡，我都不怕，我最怕的是手机没电。”临时党委委员、前线指挥部技术支撑组组长雷云飞说。第一党支部作为前线指挥部，全体党员均自主自发地坚持24小时候命。“最怕有个紧急抢修电话打过来，自己没接到。”有的同志头一天通宵未睡，第二天仍在现场坚守，好不容易有点空隙可以靠在椅子上眯一会儿，也要赶紧给手机充上电，电话一响，立即从椅子上“弹”起来。

正因为有了第一党支部委员和各位“指战员”的模范带头、精准部署，这支来自不同市州、不同专业、临时组建起来的大队伍，始终保持着“心往一处想、劲往一处使”的强大凝聚力。

主动作为，勇当抢修“领头雁”

“我愿以共产党员的标准要求自己，冲往抗洪保电最前沿，请党组织考验我！”7月27日，22名突击队员作为第一批援豫队伍向第一党支部递交了入党申请书，庄严承诺以一名党员的标准要求自己、勇挑重担，出色完成抗洪救灾任务。

“我先上”“让我来”“有我在”，正是本次抢险过程中各位“湖湘勇士”们的真实写照。

7月23日早上7时，周舟等3人顾不上通宵赶路的疲惫，到达驻地放下行李就立即与朱亮主任汇合，前往对口帮扶的郑州城北供电部对接，承接抢修任务3项。任务分派后的一个多小时里，周舟轮番接到7支抢修分队的主动请缨电话。正因无单可派急得像热锅上的蚂蚁时，又接到长沙抢修分队电话，“组长，经现场查勘确认，我们承担的桥南二配、桥南一配两项抢修任务，已有其他队伍在负责，请求给我们新派任务”。

“有了任务抢着干，没有任务主动找。”各位党员们主动请缨的电话还在不停打来。第一党支部连夜召开研讨会，剖析出主要症结在于险情太重，设备单位力量不足，现场问题没来得及全部排查。据此，第一党支部提出了“两级任务工单+抢修回复单”构想，即第一党支部综合协调人员主动帮助对口单位开展问题排查、形成任务工单，统一分解、签发后以工单形式再下达至各抢修支队，迅速理清了对接城北供电部的工单模式。同时，主动对接受灾较为严重的城西供电部，协商建立分片抢修承包机制。

24日，第一党支部以承包的牛砦所为试点，“电博士”赵邈、段绪金熟练地采用数据分析迅速摸清了81条10千伏线路、832个台区的故障现状，并实施运维人员、营销人员、抢修人员深度融合，实现了问题分析、现场查勘、任务下达、抢修实施协同的工作流程，抢修效率大幅提升。

24日至27日，第一党支部综合协调人员日均接单13条，牛砦所7月27日率先实现辖区内16万户停电居民动态清零全部复电。

28日凌晨，牛砦所韩剑鹏班长在微信群发布长文，深情表示感谢：“在牛砦所最困难最危急的时刻，国网湖南公司勇挑大梁，及时‘湘’助，全力参与灾后重建

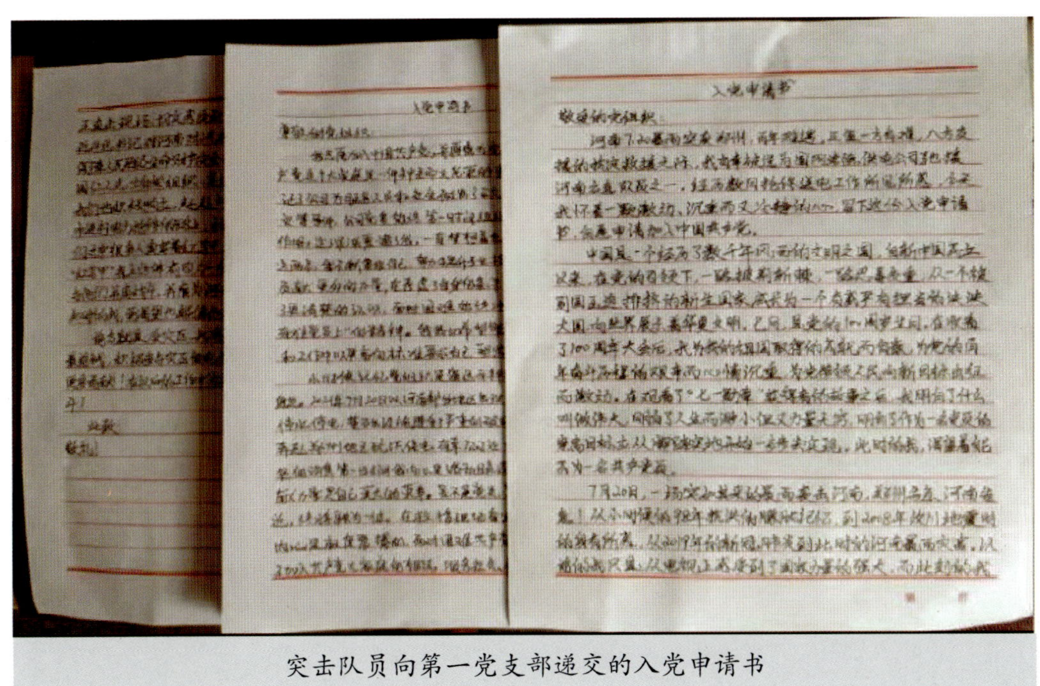

入党申请书

敬爱的党组织：

突击队员向第一党支部递交的入党申请书

突击队员在现场开展抢修

工作，结合现有体系，共同制定了‘营配抢一体化’抢修体系，高效率作业，在三天内基本恢复供电，七天内全部恢复供电。抗洪抢险期间，领导们同事们每一个任务都以‘不送电不回家’为原则，坚守在第一线，干的多说的少，克服的多要求的少，别人干不了的故障均能保速保质保量完成，打最硬的仗，啃最硬的骨头，是一支名副其实的铁军。回看照片，兄弟们浑身湿透坐在路边吃辣椒馒头的画面，连夜奋战送电后瘫倒在电线杆旁的身影，令我感激和动容”。

凝心聚力，争做服务“排头兵”

“我们的职责，就是确保390余名‘勇士’慷慨而来、平安而回。”第一党支部负责保障工作的谢文亮等党员，深切感受到肩上沉甸甸的担子。

7月23日，第一党支部保障工作党员突击队抢在大部队之前，先一步抵达郑州，迅速建立前后方保障指挥体系和保障机制，提前组织开展抢修人员的医疗、防疫、住宿、车辆及餐饮等后勤保障工作。从长沙、株洲、湘潭等10家单位抽调后勤保障人员和车辆，筹备3批医疗防疫和生活保障物资先后配送至河南抗洪抢修保电一线。

累计筹调各类口罩2.7万个、84消毒液510千克、酒精600瓶、防暑降温急救包310个、各类药品1750盒、矿泉水3403件、方便食品5255件、雨衣（鞋）706套、雨伞190把、各类手套3150双，有力保障了在豫各类保障物资的储备充足。

抢修时间紧、任务重、点多面广，且同时面临潮湿环境触电、高低压倒送电伤害、有毒有害气体伤害等多重安全风险。第一党支部坚持把安全放在首位，强化作业现场安全风险管控，制定《支援河南抗洪保电期间的安全管控工作方案》，坚持稽查组与抢修队员同进同出，严格落实“五防五禁止”刚性要求，做到安全指导100%覆盖，确保了现场作业安全。

党旗一举，力量汇聚。来自公司党建部的党员李锦美，带领东方红共产党员服务队，在作业现场高扬先锋旗帜，筑成了一个个坚不可摧的移动堡垒。来自公司宣传部的党员侯建明，始终扎在一线，持续挖掘前线的感人事迹和先进人物，吸引了社会各界高度关注，湖南卫视播出《援豫保电队员的特殊生日》，电网头条发布《22名保电突击队员在郑州一线递交入党申请书》等报道。

周边居民被“湖湘勇士”们舍小家、为大家，义无反顾奔赴抢险一线的感人事迹深深感染，不断为现场检修人员送来冰水、西瓜、绿豆粥等防暑降温物品，整整堆起了一座小山。这是一座“党群心连心”的“爱的小山”，也是一座“人民电业为人民”的“映照丰碑”。

东方红共产党员服务队在现场亮明身份

薪火相传“湘电雷锋”满城红

——记国网湖南电力支援河南抗洪保电第二临时党支部

◎文 / 谢超　张祺

国网湖南电力支援河南抗洪保电第二临时党支部（以下简称第二党支部），由国网长沙供电公司党员组成，共有党员6人，主要负责郑州公司城西、城北供电分部内10千伏线路及配电室专公变故障处理，在本次支援工作中主要完成托斯卡纳小区专配间、正弘豫园一区配电间等抢修及故障处理，共计12项任务，恢复7300余户居民用电。

闻令而动　紧急驰援

7月22日下午，国网湖南电力为此次援豫队伍授旗送行。“我宣誓，决心做到面对洪水决不退缩、勇担重任，誓与洪水斗争到底，坚决完成保障电力供应的光荣任务！”援豫“电雷锋”的铮铮誓言，铿锵有力地在广场上回荡。

湖南公司发出“驰援河南郑州”的紧急指令后，长沙公司闻令而动，第一时间组织力量驰援郑州。国网长沙电力迅速组建东方红（电雷锋）共产党员突击队，党员骨干带头、业务精兵联动，针对郑州电力受灾情况，精选电缆、线路、试验等多工种精干力量44人，紧急抽调抢修车辆9台、发电机3台、试验装备3套及各类防疫、抢修物资，飞奔800多公里外的河南郑州。坚守在最前沿，日夜奋战防汛抢险保供电，让党旗在防汛一线高高飘扬，让湘电铁军精神在抗洪抢险中熠熠闪光。

第二临时党支部接受郑州供电公司锦旗

拿下援豫首战　点亮万家灯火

“这里有个小区地下室雨水倒灌，配电间积水严重。”7月24日早7点，接到抢修托斯卡纳小区的任务后，国网湖南电力东方红（电雷锋）共产党员突击队拿起工器具冒雨逆行奔赴受灾小区。抵达现场后，工作人员发现雨后电力设备、电缆井覆盖堆积了大量淤泥垃圾，给排障查因、检修消缺增加了重重困难。工作负责人决定先将设备搬运至空地上烘干，国网湖南电力东方红（电雷锋）共产党员突击队两人一组，依次排开作业。在配电间内他们与时间赛跑，争分夺秒，顾不上脸庞不断往下流的雨水和汗水，工作服湿了又干，干了又湿。此时，“电雷锋”醒目的红色队服，吸引了该小区居民的关注，并询问他们哪里可以帮上忙……不到20分钟，居民便把抢修工作急需的酒精、抹布、水桶、高压水枪等物品准备好了。队员们原本需要5个小时才能完成的抢修任务，在小区居民的热心帮助下，仅仅2小时便完成了第一阶段的抢修任务。“湖南电力的师傅们过来吃块西瓜消消暑吧，看你们工作服湿了几轮了，多补补水分啊。”一位满头银发的奶奶送来切好的西瓜表达对“电雷锋”

郑州人民群众欢送队员回湘

们的谢意。“河南人民太热情了，我们只是做了电力人应该做的工作，却收获这么多感动。”“电雷锋”曾艺平、林金生说道。

从黑夜到白天，不分昼夜连轴转，奔波在抢修一线，坚守岗位保供电护光明。7月25日清晨6点30分，“电雷锋”们提前进行了集结，赶往小区配电间现场进行变压器查验，在所有供电设备试验均无问题后，下午4点小区成功恢复供电。而“电雷锋”共产党员们，来不及与小区居民分享恢复供电后的喜悦，便又匆匆赶往下一个抢修任务点。

7月26日下午4点，“电雷锋”们再次接到任务，是郑州杲村被淹环网柜、杲村一变箱变检修。“电雷锋”队员们迅速赶去现场，蹚水过河、踩着泥泞、挑着物资，到达现场后发现杲村积水还很深，无法进行抢修。顾不上连夜奔波的辛苦，先与附近的高速收费站取得了联系，协调调度抽水设备。同时进行现场查勘，与队友们讨论抢修方案。晚上“电雷锋”队员再聚集商讨方案。次日早上8点，“电雷锋”队员们就到达了杲村，发现杲村一柜现场积水已抽干，“电雷锋”们便纷纷拿起铁锹对环网柜周边的淤泥进行了清理，经过6小时不停地挖掘，终于开辟了一条抢修道路。他们心往一处想，劲往一处拧，细心检测受损设备，精心排查电源来路，认真查找负荷走向。在经过长达10多个小时的抢修工作后，18点30分，杲村顺利恢复供电。他们白天头顶着火辣辣的太阳，脚底下有潮气湿热熏蒸，晚上闷热透不过气来，像群蜂似的蚊子隔着衣服反复叮咬，被汗水浸湿了的衣服能拧出水来。“终于可以休息一下了。”完成任务的“电雷锋”队员们瘫坐在地上，一口一口吃着“爱心盒饭”，转眼望向一盏盏亮着的灯，心里却是暖暖的。

旗帜领航　抢险有我

“喂，是湖南公司的吗，我们这里有个小区停电了，需要你们的支援”“收到！我马上就到！”郑州公司牛砦所辖区内81条10千伏线路，832个台区，16万户居民，约60万人。牛砦所作为郑州公司129个供电所中体量第二的供电所，在此次洪灾中受灾面积极大，停电用户极多，抢修难度极高。辖区内的五棉北社区小区是老旧安置小区，共3700户居民，住户主要以老年人为主，其中部分楼栋电力设备老旧，加上连日的暴雨侵蚀，导致其中1300多户居民没有电用。东方红（电雷锋）共产党员突击队接到任务后，迅速抵达现场。对设备状况及作业环境摸底查勘后，当即制订了前期抢修方案。对社区的三台箱变进行清洁、设备烘干，并开展了高压试验，一旦满足安全条件，这样就能以最快的速度恢复1300多户居民供电。“我们先把主要设备搬出来烘干，今天就进行高压试验，应该可以在21点前送电，也让高温下没有电的受灾百姓早点恢复供电。”国网湖南电力东方红（电雷锋）共产党员突击队副队长刘涛说到。队员们决定采用加热加通风的方式加快烘干，保证设备能够早一点试验、送电，而他们早已全身湿透，为闷热再“提温”，让供电再“提速”。

在持续8小时的抢修工作后，小区各楼栋间陆续发出“灯亮了，电风扇转起来了……”的声音后，共产党员突击队员们，紧皱的眉头也舒展开了。“感谢，太感谢你们了，没有你们，这么多老人没电没水都不知道怎么办了。”72岁的老爷爷激动地拉着“电雷锋”队员的手说到。

滔滔洪水写忠诚，危难关头映初心。在肆虐的洪水面前，国网湖南电力东方红（电雷锋）共产党员突击队勇当“排头兵”，全天候、全身心投入抗洪保供电抢修一线，挺直了电网安全的“脊梁”，以实际行动诠释了国家电网人的责任与担当。

郑州市志愿者自发赠送抢修队员干粮以表达感谢

滔天洪灾共决胜　千里驰援凯旋归

——记国网湖南电力支援河南抗洪保电第三临时党支部

◎文 / 龙子晴

国网湖南电力支援河南抗洪保电第三临时党支部（以下简称第三党支部），由国网株洲供电公司党员组成，共有党员11名（预备党员1名），是株洲公司在配电、变电、试验等专业的优秀骨干。他们分别是：领队陈文乾，副领队胡文强、丁頔，第1组组长康乐及组员16名，第2组组长冯伟及组员17名，第3组组长刘靓及组员5名。他们携带专业设备30套、抢修车辆12辆，星夜疾驰900余公里赶赴河南郑州，在河南郑州电力抢修指挥部的统一调配下开展驰援抗洪保电工作任务。株洲抢险救援突击队已为3个小区（7000余户）、一家大型企业恢复供电，为亚洲最大的郑州大学第一附属医院抢修送电。

“一方有难，八方支援。”株洲公司驰援河南郑州抢险救援突击队的黄色车身上，印着铿锵话语。前往同为“火车拉来的城市”的郑州，队员们感到尤为亲切，

却也深感责任深重。

双向付出，双向的爱。株洲郑州，轨道相连，人心相交。

抗洪抢险期间，突击队始终坚守在第一线，干的多说的少，克服困难多提要求少，打最硬的仗，啃最硬的骨头，是一支名副其实的铁军。

逆行而上，奋勇出征！彰显株洲力量

逆行而上，奋勇出征！驰援郑州支援队的黄色应急抢险车车身上鲜艳的红色条幅上印着“一方有难、八方支援”的动人话语，饱含着株洲“勇争第一，奋勇前行；追求卓越、不断超越；融洽和谐、同心协力”的火车头精神。

奋勇争先，携手向前。7月22日，株洲公司3名先遣队员和1台500千瓦发电车率先前往河南郑州增援。7月23日清晨5点，国网湖南电力东方红（电小二）共产

抢险救援突击队车队出发

党员突击队43人在局大楼前集合，携带专业设备30套、抢修车辆12辆，组成抢险救援“突击队”，疾驰900余公里赶赴河南郑州，在河南郑州电力抢修指挥部的统一调配下开展驰援湖北抗汛保电工作任务。风雨同舟，湘豫同心。作为临水而建的城市，株洲同样有着很多关于洪水的伤痛记忆，株洲人民经历过多次洪涝灾害，深受其害。郑州特大洪灾发生以来，灾区停复电、供用电情况时刻牵动着株洲供电职工们的心。株洲公司党委迅速响应国网湖南电力党委号召，组建抗洪抢险救援突击队，供电职工们争先报名赶赴抗洪最前线，支援队伍迅速集结，成立临时党支部，连夜做好应急支援准备工作，马不停蹄奔赴抗洪战场。

本次株洲公司支援河南郑州抢险救援突击队是从配电、变电、试验等专业岗位上精挑细选出来的优秀骨干，具有扎实的专业技能和丰富的工作经验。

“到达郑州后，我们发现灾情非常严重，抢修任务相当繁重。但是我们的队伍里没有一人叫苦叫累，大家都士气高涨，有信心，有决心。我相信，今天这块‘硬骨头’我们一样能啃下去，还要啃得干净、啃得漂亮！”株洲公司支援河南郑州抗

抢险救援突击队员整队出发

支援队在郑州大学第一附属医院前集合

洪抢险救援突击队队长陈文乾在集合时对队员们说道。

全力以赴，排忧解难。从汜水镇的南屯村到北屯村，应急电源车给村镇居民带去了光明；从香榭丽舍小区、鑫苑国际城市花园小区、保利亨业小区，再到嵩山食品城和郑州大学第一附属医院，株洲公司抢险救援突击队的队员们听从指挥、迅猛出征，高速度、高质量完成工作任务，极大地缓解了郑州供电公司应急抢险和供电保障的压力。

兄弟同心，其利断金！满怀壮士豪情

兄弟同心，其利断金。陈文乾队长曾在2020年抗疫期间带队前往湖北支援。当这次接到带队前往郑州支援的任务时，两兄弟都秉持低调行善的态度，没有告诉彼此要前往一线。直到看到队员名单，陈文乾才发现自己的亲哥哥也加入了抢险救援

支援队在郑州大学第一附属医院负一层配电室更换报废设备

突击队。陈文乾给自己78岁的老父亲打电话讲述了这段奇妙的经历，老父亲回复道：“你们是兄弟，河南人也是湖南人的兄弟，要让同胞们看到我们的关心与关爱，我支持你们！”

两兄弟犹如双剑合璧，默契而又坚韧。陈文乾负责统筹、协调、指挥救援工作的开展，而陈文军则负责安全监督。香榭丽舍小区和国际城市花园小区共有6000余户居民，因受灾情况严重，先遣部队无从下手，断电时间已长达四天。

复电迫在眉睫，支援队员们每天都在熬夜与时间赛跑。哥哥陈文军不顾年龄稍长，始终和身强力壮的年轻人们同进同出，甘愿为检修提供安全保障，在现场跑上跑下，没有片刻停歇。身为共产党员的弟弟陈文乾把人民刻在心底，身上满怀“黄沙百战穿金甲，不破楼兰终不还”的壮志豪情。在面对围观居民的疑虑与担忧时，他许下“你们放心，小区不复电，我们不撤退！”的诺言，赢得了居民们的尊重和感恩。

齐心协力，各显神通。株洲支援队的每一位“电小二”，都甘愿做一颗螺丝钉，在指挥部的重锤引领下，为千疮百孔的河南电网填缺补洞。在自己的岗位上各司其职，形成团队合力，闪耀万丈光芒。

“在负三楼割桥架的同事们注意检测氧气含量，不间断地观察、检测有害气体含量，工作人员至少每半小时要出来透气。”面对郑大一附院地下抢修的恶劣环境，队长丁頔时刻提醒着自己的队员们注意安全；安全监督胡文强是个“宝藏男孩”，他的兜里装满了保障安全的小物品，队里永远都不会缺口罩，每天都在群里发布安全工作小结，提醒大家开车注意安全；队长冯伟忍住剧烈的牙痛也依然坚守岗位，即使因中暑躺在病床上，也不忘向探望者询问其他深入地下的同事们的攻坚进度。

他们每一个人都兢兢业业，每一个人都满怀热忱。他们是一代代奔波在抢险前线的国网人的缩影，也是千千万万心系灾区的中国同胞们的缩影。他们是最可爱的人。

感谢“湘豫”，感恩常在！延续湘豫情谊

7月27日，支援队接到了一项非常艰巨的任务——负责郑州大学第一附属医院地下车库负一楼（建一所）配电室的抢修工作。自灾情发生后，医院大部分用电均依靠

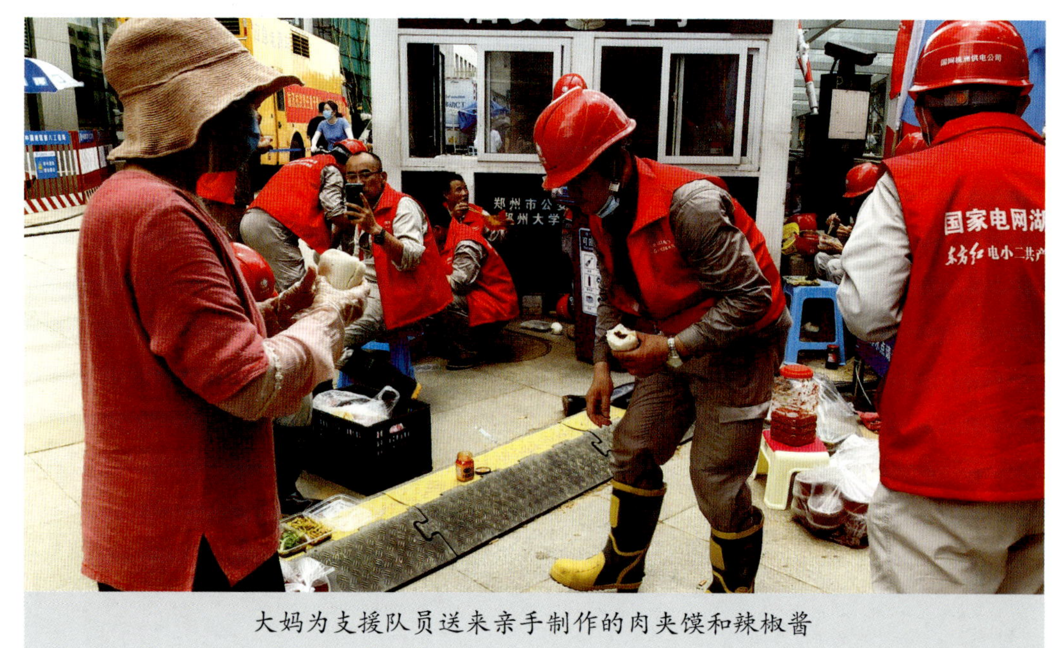

大妈为支援队员送来亲手制作的肉夹馍和辣椒酱

各地支援的应急发电设备，但想靠此支撑院区用电还很困难。建一所配电室主要为郑大一附南、北院家属区提供生活用电。支援队计划将位于地下一层的建一所配电室中的泡水设备全部换新，然而医院地下车库的受灾情况十分严峻、作业环境非常艰难。

支援队队员现场查勘后发现，经抽水后的地下车库有大量泥水和沙土堆积，环境昏暗、潮湿并伴随着大量刺鼻气体，给作业带来极大困难。队长提出使用大风扇来疏气通风，然而负责后勤保障的王晓方驰行20余里都没有买到大风扇。最后，还是路过的一家烤肉店老板帮忙联系了购买风扇的厂家，成功买到了风扇，加快了作业进度。临走时，老板还坚持往后勤车上塞了一箱矿泉水，感谢支援队为郑州人民不辞辛苦的付出。

医院前坪，国网湖南电力共产党员服务队的旗帜高高飘扬，一个个“红马甲”奔波穿行，无论抢险有多么困难，株洲“抗洪战士”们始终坚守在岗位上。这些帮助郑州人民都看在眼里，记在心里。一位大妈看到支援队员们疲惫地守在停车场出口，特地回家拿了亲手制作的肉夹馍和辣椒酱送给队员们吃。因为怕大家担心卫生，还特意戴了手套来分发食物。这一个个肉夹馍，饱含着湘豫同胞之间的浓浓情谊，每一口咬下去，都是相亲相爱的动人滋味。

类似的故事比比皆是。为了感谢支援队的付出，很多居民都偷偷地把食物、水送到队员们的车上，当地政府、医院后勤部给支援队送来了慰问品和补给。复电成功的鑫苑国际城市花园的物业工作人员代表小区居民们特地将锦旗和感谢信送到了医院抢修现场，为支援队加油打气，给正在一线奋力抗争的抢修队员们注入了一针强心剂。

“无疆之爱昭示了大真大善大爱，倾力之援展现了坚定坚强坚韧。从你们身上我们看到了逆行而上的英雄本色，更感受到灾难无情人有情的温暖力量。感谢你们的无私奉献和付出，帮助我们渡过难关！相信在大家的共同努力下，我们一定会共克时艰，迎来风雨后的彩虹！”读着感谢信的陈文乾队长眼眶微微泛红，但眼中却闪烁着油然而生的自豪与勇挑大难的坚定。

从初来时被水淹过小腿肚的艰难时刻，到后来恢复7000余户、2万余人的小区供电，再到为郑州大学第一附属医院家属区恢复供电，支援队不怕苦、不怕累，因为这是扛在每一个供电人肩膀上的沉甸甸的责任。从1998年长江抗洪救灾，到后来的2008年汶川地震、冰灾，再到今年的郑州暴雨，中华民族战胜了一次又一次的突发自然灾害，自强不息、顽强拼搏、万众一心、同舟共济，正是由于这种伟大精神，中华民族才可以永远傲立在世界民族之巅。

湘豫一道同风雨　明月何曾是两乡

——记国网湖南电力支援河南抗洪保电第四临时党支部

◎文 / 肖钧文

国网湖南电力支援河南抗洪保电第四临时党支部（以下简称第四党支部），由国网湘潭供电公司党员组成，共有队员47名，党员9名（其中预备党员1名），均是来自国网湘潭供电公司的优秀技术骨干，领队何亮兼党支部书记，主要对口支援郑州市城北供电公司、城西供电公司两家区县单位配电间浸水抢修及电缆故障处理等，开展驰援河南抗洪保电工作任务。

2021年7月20日，一场暴雨打破了郑州的平静，也牵动了全国人民的心。

风雨同舟，“湘”“豫”同心。国网湘潭供电公司闻“汛”而动，在收到抢修保

电任务后，迅速组织抗洪保电队伍，快马加鞭奔赴郑州，在23日晚抵达抢修救灾的第一线，为郑州人民送上来自伟人故里电力湘军的一腔热血。

八百公里的云和月，阻断不了的是湘豫同担风雨的决心。千年不遇的大暴雨，浇灌不灭的是两乡皆为故乡的柔情。

出发！灾情就是命令

灾情就是命令，国网湘潭供电公司积极响应国网湖南省电力有限公司党委号召，高度重视援豫救灾保电工作，迅速召开工作部署会议，紧急编制应急增援方案，动员公司员工赴豫抗洪救灾。不到一天的时间，各条战线的电力职工纷纷以“请战书”的形式自愿报名。7月22日晚，一支“潭电铁军”迅速集结，连夜清点工器具、材料和物资。23日晨，国网湖南电力东方红（湘潭）共产党员突击队正式成

湘潭公司突击队在河南省委党校抢修现场

立，整装出发，一路向北，驰援郑州。

23日夜，突击队顺利到达郑州，便立即投入抢险救灾工作，誓要以最快速度恢复受影响小区的正常供电。湘潭速度背后，是“敢为人先，不怕牺牲”的湖南精神，更是“人民电业为人民”的不悔初心。

国网湖南电力东方红（湘潭）共产党员突击队是从所有报名者中优中选优、精挑细选出来的精兵强将，主要是来自该公司各基层单位的配电专业技术人员。队员中共有副班长以上岗位人员16名，其余队员也均为各单位相关专业骨干，具有扎实的专业技能和丰富的工作经验。

抗洪保电的战役一旦打响，就不能有丝毫懈怠。突击队员勇挑重担，及时“湘”助，全力参与灾后重建工作，结合现有体系，制定了“营配抢一体化”抢修体系，高效率作业，主动要求打最硬的仗，啃最硬的骨头。从五龙怡景小区、毛庄小区、银杏苑小区、普罗旺世二配、郑州工程技术学院，到河南省省委党校中心配和2号配配电间等六家受灾严重的单位或居民区，到处都有突击队员们前后奔忙的身影，极大地缓解了郑州救灾保电和灾后重建的工作压力。

在驻地河南省电力技能培训中心，郑州供电公司向湘潭公司突击队赠送锦旗

开战！现场就是战场

“欢迎你们从毛主席家乡来到郑州，帮助郑州人民恢复供电！”

24日下午，突击队的队员一到达城西五龙怡景小区，就感受到了河南人民似火的热情和迫切希望恢复供电的焦急心情。

虽然在当天上午的物资碰头会上发现携带的很多物资和实际需求间存在较大差距，虽然在与郑州城西供电公司的交接会上，又得知由于现场故障点较多，当地供电公司人手有限，无法带领援豫的同志们一一对接、查勘，但听着郑州人民的呼声，突击队员们更坚定了救灾保电的决心。

抢修的现场就是战场，突击队赶到的当日，五龙怡景小区已经连续停电5天，这个居住了600余户居民的小区仅由一台应急发电车带高层电梯运行。队员们来不及休息，立即分头行动，一组人直奔抢修任务点查勘，一组人马上开票，全力确保在规定时间内完成抢修，尽快恢复供电。

突击队在湘潭公司大楼前集结出发

该小区的配电间和车库处于同一层，地势低，受灾严重。配电间内位置不高的设备被水泡过一遍。淤泥污秽不堪，突击队就一遍遍反复擦拭；设备浸水严重，突击队就一个个拆卸烘干。只要能保证设备安全运行，居民恢复供电，什么苦队员们都愿意去吃，什么累队员们都愿意去扛。

看着保电的同志们辛苦地抢修，小区居民们也纷纷当起了志愿者，一边说着同志们辛苦了，一边送来拖把与抹布，帮助清理配电间；带来小太阳，烘干设备上的水汽；提着矿泉水、水果和自家煮的绿豆粥，让抢修人员消暑解渴，直至夜深也不舍得离开。装设临时箱变时，居民们更是一呼百应，短短五分钟，就将装设点停放的车辆，摆放的杂物清理一空，为抢修人员后续的工作提供了极大的便利。

“合上10千伏冉屯线5柜304开关！”7月25日晚上9时许，随着一声干脆而明确的指令，五龙怡景小区的居民楼上，终于亮起了久违的灯光，紧接着就是一浪高过一浪的欢呼，人群如潮水般涌向配电间，只为能够当面感谢这群为他们重新带来光明的最可爱的人。

“人民电业为人民，人民电业人民爱！”作为领队的何亮一边自豪地感慨，一边露出了欣慰的笑容，此时他忘却了高温湿热天气下连续作战的疲惫，迎风飘扬在抢修现场的党旗也显得格外鲜艳。

前进！党员就是先锋

“河南需要我们支援，我必须赶紧召集班组成员组成抢修突击队。”

7月22日下午4点左右，配电工程一班班长陈钢第一个向湘潭公司递交了援豫保电的请战书。在向家人说明情况、简单地打包行李后，下午6点，他便参加了出征仪式。

52岁的陈钢，身为队伍的老大哥、老党员，总是到得最早、走得最晚的那个人，如同一面旗帜牢牢地在每一个抢修现场扎下了根。在前往郑州的车上，他就一直关注着网上关于河南郑州的一点一滴，思考着到达后可以做的事情。一下车，听到郑州乡亲们的殷切呼唤，他只有一个念头：“此次的任务非同寻常，我们一定要与河南人民共渡难关”。

在五龙怡景小区，他连续35个小时奋战在第一线，一次次地带领技术人员现场查勘，一次次地进入满是淤泥的配电间，一次次地擦拭检查浸水设备，再一次次地组织人员对设备进行处理及试验，只为了让焦急等待的居民能够早一点用上电，为了让漆黑一片的楼宇能够更早一点重新亮起来。

在河南省委党校，为了尽快找到故障点，他带领突击队一行4人，顶着夏日炎炎的高温，忍着残留淤泥的刺鼻气味，对沿线3.9公里的电缆进行地毯式筛查。等找到故障点，陈钢和同事们早已满头汗水，后背的衣服也全部湿透，可他来不及换一身干爽的衣服，转身就投入了紧张的抢修中。这3.9公里的距离，是陈钢他们走过的泥泞隧道，也是郑州人民从受灾走向新生活的必经之路，更是电力人“你用电，我用心”的不变承诺。

“请党组织在保电抢修的战斗中考验我！”

与此同时，刘志明也递交了他人生中的第一份入党申请书。

灾后抢修任务，不同于计划检修，保障抢修物资的供应成了拦在突击队面前最大的问题。作为聚源公司物资班的班长，援豫保电突击队物资调度的重任自然而然地落在了刘志明的头上。自从突击队抵达郑州，刘志明的电话就没有断过，要不就是抢修现场打来要备品备件，要不就是他打给供应商调拨物资。救灾期间，数以百计的抢修物资经他调度，竟无一出错，正是因为他的“运筹帷幄之中”，才有了队员们的“决胜抢修现场”。

由于郑州地处平原，地势低洼，洪灾过后大量配电设备浸水，用抹布难以擦干，刘志明提出可以紧急采购小太阳烘干。一夜之间，数十台小太阳在配电间一字排开，场面十分壮观。面对变压器等大型设备，普通加热器功率太低，难以发挥作用，刘志明二话不说，跑遍了全郑州所有市场，只为找到最大功率的烘干机，以便更快更好地解决灾后恢复供电的难题。

援豫东方红共产党员突击队在国网湖南省电力有限公司党委的指导下，成立了临时党支部，将党旗插在现场。在临时党支部的带领下，党员当先锋，带领队员们日夜奋战、顽强拼搏，全力服务郑州抗洪保电大局。刘志明就是在这样的情况下，第一时间主动递交了入党申请书，要求进步。他表示，无论这次能否入党，他都将严格以共产党员的标准要求自己，发挥好先锋模范作用，为帮助河南夺取抗击汛情和灾后重建的双胜利贡献力量。

在为期一周的支援河南期间，突击队累计投入应急保电人员282人次，出动电缆故障查找车1台，随车吊1台，工程车6台，成功完成6家居民区或单位配网故障处理及送电任务。他们以实际行动践行“人民电业为人民”的企业宗旨，切实发挥了党支部战斗堡垒作用和共产党员先锋模范作用。

千里驰援 “豫”你同在

——记国网湖南电力支援河南抗洪保电第五临时党支部

◎文／李奕佳

国网湖南电力支援河南抗洪保电第五临时党支部（以下简称第五党支部），由国网岳阳供电公司党员组成，队员34名，党员6名，是来自国网岳阳供电公司变电运维、配电运检等专业的优秀骨干，主要对口支援郑州市城区范围内小区配电间浸水抢修及电缆故障处理等，开展驰援河南抢险保电工作任务。

国网湖南电力支援河南抗洪保电第五临时党支部合影

每一次灾难面前，爱从不会缺席；每一次艰难前行中，总会有八方赶来的勇士，结伴跋涉。

“千里驰援解民忧，风雨同行见真情！你们就是我们的英雄！”国网湖南电力东方红（电骆驼）共产党员突击队即将踏上归程之际，小区居民自发汇聚到应急发电车两旁夹道欢送，齐声呼喊“欢送英雄”，让队员们湿了眼眶。

队员们正在商讨抢修计划

勇士逆行，昼夜兼程把路赶

“风雨同舟，湘豫同心！”7月22日，国网岳阳供电公司办公大楼前坪，嘹亮的宣誓口号回荡激昂人心。这是继7月21日晚，派出驰援河南抗洪救灾首批“电骆驼”先遣队伍后，第二批赶赴河南的驰援队伍。

灾情就是命令，面对河南郑州等地出现的特大暴雨，国家电网公司迅速启动防汛三级应急响应，发挥集团化运作优势，紧急调动全公司资源全力支援河南防汛救灾。国网岳阳供电公司立即响应，组织变电运维、配电运检等专业的精兵强将组成支援队伍，连夜驰援河南，为当地医院、交通等重要用电客户提供应急供电保障。

接到指令时，忠防供电所所长方四义正在吃饭，没顾得上吃完饭，他立刻收拾好行囊赶往集合地点。那一天，国网岳阳供电公司的陈嵩、王勇、丰立等人接连接到紧急奔赴河南灾区一线的电话后，都毫不犹豫地奔赴最前线。

“师傅带上我吧！”听到公司征集援豫志愿者消息时，青年员工周可正在岳阳

“电骆驼”在配电间进行紧急抢修

县公田变电站工作，他毫不犹豫地向自己的师傅丰立请缨。此时周可的女儿还没有满月，他却说：“我知道孩子现在需要我，但是郑州的受灾群众更渴望早点用上电。”

各条战线的供电职工纷纷以“请战书”的形式自愿报名赶赴前线，他们中有实战经验充足的老师傅，有专业技能过硬的技术负责人，也有初生牛犊不怕虎的青年骨干。公司最终精选了34名精兵强将组成突击队，在国网湖南省电力有限公司党委的指导下，成立了第五临时党支部，方四义任临时党支部书记，即刻出发支援灾区。

2天时间，1100多公里路程，昼夜兼程，几经周折，34名“电骆驼”以铁军之姿连夜奔走在路上。从凌晨出发，到抵达第一个任务点，他们千里跋涉，只想着能快一点，再快一点。

来之能战，战之必胜！“电骆驼”全力投入战斗，马不停蹄地在各个抢修点之间奔波。竹川村、穆沟村、文苑小区……一盏盏灯亮了起来，“电骆驼”奔忙的脚步不曾停歇，为当地居民送去了光明和希望。

使命必达，关键时刻顶得上

“请火速前往竹川村支援！”7月23日8时，刚刚抵达郑州的第五临时党支部接到工作指令——由于电力中断，竹川村村民已经5天没有取水用电了。

“这次河南受雨灾影响，大面积断电，大量线路发生故障，最需要的就是发电车和抢修恢复。”做好安全措施，接线，取电……伴随着发电机的轰鸣，跟着国网岳阳供电公司驰援的应急电源车也开始了它在河南郑州保电的光荣使命。11时30分，全村150户村民家成功通电！

雨后的村庄一片泥泞，空气潮湿闷热，队员们满头大汗，衣裳尽湿，由于睡眠不足，双眼通红。可他们仍保持高度警戒状态，不时检查发电机运行情况，确保运转正常。

竹川村情况刚刚稳定，队员们驾驶着应急电源车被派往了穆沟村。一路上触目惊心，到处是冲刷的淤泥，倒损的电杆，电力设施受损严重，村里已经7天无法用水用电了。由于进村道路塌方严重，车辆迟迟无法进入，队员们急得直冒汗。

直到清晨6时，在大型挖掘机、铲车的通宵作业下，道路清理完成。当“电骆驼”们进入村里时，村民们一下子看到了光明和希望，全村一片沸腾。

为了让周围群众早一点用上电，“电骆驼”抓紧时间布置抢修任务

由于穆沟村有三台变压器，布点分散，现场协商后队员们决定发电车优先满足村里取水变压器供电，待村民储水完成后再对另外 2 台生活变压器恢复供电。而此时已是15时，发电车外，高粱地里一片绿意，生机盎然。注定又是一个无眠之夜。

“真是太感谢你们了，跑这么远来为我们送电！湖南人好样的！”70多岁的侯新春大爷激动到无法措辞，热情的村民们纷纷自发送来了方便面、牛奶，或许只有经历过连续一周的断电生活才能更真切地体会到此刻无以复加的感动。

从出发到现在，队员们几乎没有睡过一个囫囵觉，不是在车上，就是在路上。此时看到老百姓的笑脸，不少队员悄悄湿了眼眶，内心却更坚定了一个信念：“使命必达，保电有我！”

灯火璀璨，“火线”入党树标杆

“来电了！”7月25日晚上9点，经过2个小时的抢修，郑州市区棉纺路十字路口周围本是一片漆黑，居民楼的大楼瞬间点亮了多处光亮，已经断电7天的小区居民终于再次用上了电，人群中立刻爆发了一阵欢呼，火热的氛围将抢修队员们和现场群众的激动心情映射到了整条街道。

第一次参加灾区支援行动的辛若江被这一幕深深震撼：“来的这些天和老师傅天天待在一起，我们三十多个大老爷们，再苦再累都不怕，但是看到周围居民欢呼的时候，真的有一点点想哭。”

顾不得留恋群众的感谢和欢呼，“电骆驼”们立刻收拾东西起身，赶往下一处抢修地点，为那里翘首企盼的居民们送去光明。

在郑州市文苑小区的地下停车场，两个配电间4台1000千伏安的箱变被洪水泡了7天，需要进行除尘除湿工作。队员们拿着水桶和干毛巾，运积水、清淤泥、擦拭设备，每半小时对柜体进行温湿度测量……队员们一天一夜没有合眼，经过24小时的烘干、除湿，文苑小区终于恢复供电。

第五党支部负责的抢修范围大多在郑州市区内，暴雨过后，通常需要在严重进水的地下室对故障设备进行处理，电气设备受潮严重，复电是个难啃的“硬骨头”。阴暗、潮湿、闷热、异味……队员们在污水里一泡就是一整天，种种困难没能阻挡抢修人员的脚步。

闷热的空气让队员们身上没有一丝干纱

辛若江是国网岳阳输电检修公司运检三班的班员，作为公司特派的通讯员，在抢修保电的同时，还承担着与大本营沟通联络和传递信息的重任。他记录着“电骆驼”的故事，更被队员们不畏艰苦、勇担重任的精神深深打动。

在临时党支部的带领下，党员当先锋，带领队员们日夜奋战、顽强拼搏，全力服务保供电大局。灾情发生，身边的共产党员纷纷在第一时间冲锋在抗击灾情的一线，深深触动了辛若江、周可、易岚等8名队员。在这个特殊的时期，他们一笔一画郑重写下了入党申请书。

7月30日，“电骆驼”们在郑州人民的夹道欢送中，踏上了回程的路。他们以高度的责任心和严明的纪律坚守到最后一刻，圆满完成各项应急抢修和重点保电工作，全力支援郑州电力抢修工作，竭尽所能恢复人民群众供电，彰显“关键时刻站得出来，危急关头豁得出来”的社会责任与担当，把光明与希望送进了河南人民心坎，把“骆驼精神”写在了豫州大地。

电不来　我们不走

——记国网湖南电力支援河南抗洪保电第六临时党支部

◎文 / 谭佳侠

国网湖南电力支援河南抗洪保电第六临时党支部（以下简称第六党支部），由国网常德供电公司党员组成。队员54名，其中党员9名（预备党员1名），分别是来自国网常德供电公司及所属变电检修公司、武陵支公司、汉寿公司的优秀骨干及施工队员。他们分别是李炜、田涛、陈桃清、刘伟民、潘炜、胡传良、李智琦、周文博、刘长江、魏俊、张睿、青平等。

黄河以南，洞庭以西，岸芷汀兰，湘豫而行。

7月20日，人们对河南暴雨的关注逐渐转化成了揪心。掰着手指头算，一小时

第六党支部集体合照

降雨量200毫米，局部地区达到了600毫米，“难以想象啊，像是天破了洞，这也是第一次见”。

水，联系着中华儿女的血脉。每一次自然的脉动，都牵动着千千万万人的心。无他，自然的力量之伟，一旦发作，立刻衬托出茫茫天地之间人之渺小。然而众志成城，为重建添砖加瓦；一丝一缕，架起党群连心桥。

一片柳叶愿作轻舟，飘过数百公里，去往灾区，去往洪水肆虐后，最需要光明的地方。

出发！ 东方红（电骡子）共产党员服务队

7月22日，十分严峻的防汛形势下，国网公司、省公司担当作为，迎难而上，要求全力以赴做好援豫抗洪抢险保供电工作。国网常德供电公司闻“汛”而动，立即组织队员支援灾区电力抢修保供电工作。队员接到通知，随时待命，整装待发！

抗洪保电队员现场进行耐压实验

“东方红（电骡子）共产党员服务队在郑州风和日丽小区抢修至凌晨3点”

7月23日，常德公司组织驰援河南抗洪救灾队出征仪式，为驰援河南抗灾的东方红（电骡子）共产党员服务队出征队员壮行。该公司总经理刘正谊做动员讲话指出，出征队要把对党和人民的忠诚与热爱落在防汛救灾的行动上，充分展现常德供电人的政治本色与英雄本色，展现优良作风和“电骡子”精气神，守护群众生命财产安全的同时不忘保障自身安全，筑牢电力抗洪救灾的“铜墙铁壁”，为中原大地托起光明希望。

东方红（电骡子）共产党员服务队由党性强、业务精、作风好的党员劳动模范、技术骨干队员组成。十年以来，他们用实际行动诠释“人民电业为人民”的企业宗旨。队员换了一批又一批，但红马甲们的身影，始终涌现在每一个急难险重的任务中；在每一处电力故障抢修现场中；在每一个群众需要的地方。“处处有党员队伍，时时见规范管理，事事塑服务品牌，人人是国网形象”。

奋进！ 风雨里显忠诚

险情就是命令，现场就是考场。

抵达郑州后，国网湖南电力成立了临时党委与党支部。“党员不怕难，有难党员上”，一个个“红马甲”投入到了紧张的任务之中。树倒路塌、满目疮痍，在阴沉沉的天空下，在布满伤痕的大地上，就是那一抹红，点亮了人眼里的灰暗，升起了人心中的温度。在工作，在战斗，也是在重建家园。

受此感召，三名队员怀着激动与迫切的心情，写下了他们的所见所闻所感，向临时党支部递交了入党申请书。

胡传良写道：“听到出征的消息，我是充满了战斗意志的。面对灾难，能够贡献出自己的一份力量，是一种荣幸。虽然还不是党员，我会在思想和行动上向党组织紧紧靠拢，终将融为一体。”

李智琦写道：“我明白了什么叫作伟大，什么叫作人生渺小但又力量无穷，明白了作为一名党员的崇高目标，应脚踏实地一步步开始实现。以前的我，只是从电视上感受到了中国共产党的强大，而此刻我才知道，原来我也能在抗灾第一线与他们并肩战斗。”

搏击风雨里，力挽狂澜中，人民最期盼的时候，又见你奔袭身影。人人心中都有英雄，在平凡的工作与生活中埋下向往的种子，在不平凡的时刻显出为人民奉献的丹心。交上入党申请书，与先辈和英雄们一样，以共产党员的标准严格要求自己。

坚守！ 水退、人进、电通

7月25日凌晨2时48分，温馨家园、湖新园等小区灯光时隔4天后再次亮起，标志着国网常德供电公司驰援河南首个工作日成功为3500余户居民送上电能。

超过19个小时连续作业，“太不容易了！”看着一时间大片亮起的灯光，早已疲惫不堪的青年队员张睿情不自禁地喊道。早上7时，他便和53名战友分成两组分别前往抢修现场，并负责温馨家园片区抢修送电的联络和技术工作。

一直到次日凌晨近3点，全体队员一起啃面包、吃盒饭，从未停下手来。高温酷暑下，身上的工作服湿了又干、干了又湿，蒸干的汗水随着工作挎包在身体上留下一条长长的盐渍，他还因此获得了外号“高‘盐’值哥”。

抢修复电比预想的复杂。“建设九柜环网柜上侧显示故障，并在电缆经过的位置存在塌方，必须先测绝缘再打耐压。”队伍里的安监人员刘伟民拿着图纸仔细地核对了一遍又一遍，反复地叮嘱道。

故障排除过程中，队员们通力配合，有的负责技术指导，有的搬运工具、仪器仪表，有的负责接线、调试仪器，还有的布置保护措施、安装接地线，现场作业紧张有序；到了晚上，晃动的灯光引来了灾后的大量蚊虫，有的队员一边嘴里含着手电筒，一边用手驱蚊。

凌晨2时许，故障全部排除完毕，此时距离早上出发已经超过19个小时。在仔细核对接线方式和状态后，属地负责人向调度申请送电。

啪！随着开关合下的碰撞声，电能重新供上的电流声响了起来。“电终于送上了，再苦再累也值得。”张睿说出了大家的共同心声。看着洁白的灯光亮起，全体队员已经做好了明早继续出发的准备。

值得！为人民不怕难

已停电6天，风和日丽4期小区60栋居民楼是小区里最后一个未复电的居民楼。7月25日12时，国网湖南电力东方红（电骡子）共产党员服务队接到任务后快速奔赴现场，经查勘后发现停电现场原因复杂、抢修困难，便立即集结近30名抢修队员，火速开展抢修工作。

经过反复检查、测试，抢修队员发现了故障原因：大雨导致天台泥水顺着入户铜线排向下流淌，使多个接头处短路烧坏。而该栋每两层一个入户点，抢修复电意味着要对34层共17个点位进行检修。为尽快复电，抢修负责人将人员分成多组，通过对讲电话在不同楼层同步开展抢修工作。

拧螺丝、撬铜排，安装、清洁，有的器件要自行制作，有时要在多个楼层间奔走，只能来来回回地上下楼梯。狭小闷热的楼栋电井里，工作人员的汗从衣服湿到了裤腿，泥沙混着灰尘让大家变成了大花脸，但没有一个人停下来。

这一幕幕被附近的住户看在眼里，小区业主自发送来了冰豆沙、冰水，帮助队员防暑降温。接近晚上0时，看着在电缆井间待了快一天的抢修队员，有的住户主动提出可以明天再来抢修，但抢修队员异口同声：不送电，绝不离开。

次日凌晨2时30分，好消息传来，所有故障点全部检修完毕，可以送电。队员再次分成多组，逐层开始合闸。“33层、34层亮了，31层、32层也亮了！”望着停电6天的大楼再次亮起的灯光，听到房间里“来电了、来电了！”的欢呼声，队员们赶紧收拾好工具，就着亮起的灯光吃起了盒饭。

一张张带着汗珠的笑脸，在不远处的灯光下熠熠生辉。

“谢谢湖南的‘电骡子’们！谢谢！”

7月26日中午，家住郑州市风和日丽4期小区的4名业主，步行找到了国网湖南电力东方红（电骡子）共产党员服务队暂住处，将一面印有“电力抢险为人民 保驾护航展风采”的锦旗送到队长李炜手中，并连声致谢。

东方红（电骡子）共产党员服务队在河南省委党校现场抢修

“电骏马”千里援豫　点亮灾区百姓灯火

——记国网湖南电力支援河南抗洪保电第七临时党支部

◎文 / 杨妍璨　谭韬

国网湖南电力支援河南抗洪保电第七临时党支部（以下简称第七党支部），由国网娄底供电公司党员组成，共有队员51名，其中党员16名，是来自于国网娄底供电公司所属各县支公司以及星源集团的优秀骨干。他们分别是：领队阳斌，安监负责人吴乐鹏，抢修调度指挥谭韬，后勤保障欧阳文；抢修组长杨宏，组员由新化、涟源、双峰公司和星源公司抢修施工人员组成；试验组组长吴雄韧，组员由娄星公司及星源集团试验人员组成；后勤（材料物质）组组长唐军，组员由娄星、冷江公司及星源集团相关人员组成。保电分队在省公司保电前线指挥部的调度指挥下，开展

7月23日上午，国网娄底供电公司集结51名东方红“电骏马”共产党员突击队队员驰援河南郑州，开展灾后抢修复电工作

郑州城北、城西两个供电部的保电抢修任务。

2021年7月，河南遭受极端的特大暴雨，郑州、鹤壁、安阳、新乡、洛阳等19个国家气象站日降雨量突破了建站以来的历史极值，当地人民生产生活受到极大影响。国网湖南电力东方红（电骏马）共产党员突击队第一时间响应号召、挺身而出、英勇抗灾，千里驰援郑州，协助恢复郑州生产生活用电。援豫期间，完成大型抢修工作任务11项，排查故障点28处，消除缺陷174处，恢复10千伏线路供电5条，为5800余户居民恢复供电。

出征！闻令而动千里驰援

7月22日下午，在接到国网湖南电力通知的第一时间，国网娄底供电公司就迅速响应，发出集结号令，组建支援郑州抗洪保电分队！

7月27日，娄底公司突击队对线路故障进行隐患排查

7月27日，娄底公司突击队队员在幸福家园小区铺设电缆

出征需要集结队伍。公司刚发出通知，就得到了广大党员干部职工的积极响应，大家纷纷以“请战书”的形式自愿报名赶赴抗灾最前线，这其中有从事30多年抢修工作的老师傅，有三次主动请缨的供电所生产副所长，有家有80岁老父亲和怀孕妻子的技术骨干，还有精通配网建设规范、工艺的设计专家。

根据保电任务的需求，充分考虑各类人员的搭配，公司精选了51名具有扎实专业技能和丰富工作经验的精兵强将，组成了这支党员突击队。

“我去应急仓库调对讲机、手电筒”“我去中心仓库领取有毒气体检测仪……”在公司的统筹安排下，各部门、所属各单位迅速安排人员连夜清点援豫物资，为保电分队提供车辆、工器具以及生产、生活、防疫等设备物资保障。

23日早上8时，娄底公司举行出征动员仪式，公司总经理聂云对保电期间的交通安全、现场安全、防疫安全进行了特别叮嘱，党委书记彭佳期为突击队授旗，副总经理张欢做动员讲话。

仪式结束后，公司抗洪保电分队、9台车辆携带设备在公司员工的祝福声中开赴郑州。

硬战！党旗飘扬在保电抢修一线

为迅速形成队伍合力，在前往郑州的途中，保电分队就成立了临时党支部，编入国网湖南电力支援河南抗洪保电第七党支部，全队组建3个党小组。

“我志愿加入中国共产党，拥护党的纲领……”在抵达郑州的当天晚上，临时党支部书记阳斌带领支部党员重温了入党誓词，并对全体人员进行了分工，分为抢修、试验、安监、后勤4个小组。

在鲜红的党旗下，每个人心中都燃烧起熊熊烈火，将这团“全心全意为人民服务”的信念之火越烧越旺，有10名同志提交了入党申请书。此后，党支部每天晚上都组织会议，对工作进行部署。

24日清晨，保电分队迅速投入战斗，开展郑州市桐柏路、嵩山路、北站路的复电工作。

顶着35摄氏度的高温，队员们在烈日和水蒸气的双重烘烤下，克服设备状况不熟悉、缺乏属地人员配合、电网接线复杂等困难，周密组织，集思广益，经过12个小时的连续作业，排查出3处故障点，于20时左右恢复了10千伏牛54线的全部供电，为已停电5天的1380户居民恢复正常用电。

首战告捷！

“来电了，感谢娄底”，送电那一刻传来了一片欢呼声。抢修工地收到了大量郑州市民送来的慰问品，有些市民生怕抢修队员不接，留下东西就走。一位大娘送来了西红柿鸡蛋烩面，因为有纪律不能吃食堂以外的食物，抢修队员婉拒了，大娘泪眼婆娑地说：“感谢你们，没有你们，我们这里不知道会怎样。”

公司东方红（电骏马）共产党员突击队坚持“不送电就不回家”的原则，充分发扬“特别能吃苦、特别能战斗”的电力铁军精神，让党旗高高飘扬在抢修一线！

暖心！坚守到点亮万家灯火的时刻

“这是我收到最好的礼物，我将来也要成为一名共产党员服务队队员。”当工作负责人高道怡把党徽拿出来，给一位小姑娘别上时，小姑娘非常高兴地说道。

28日凌晨2时，经过30个小时连续作业，德润一配开关站故障处理完毕恢复送电。此前该站因站房漏水，站内设备损坏，造成周边学校和商铺停电。保电分队安排两组人员轮班作业，对配电房内设备进行除湿、更换、试验。

在紧张的奋战之后，这位可爱的小姑娘为抢修人员送来了葡萄、冰棒，高道怡看小姑娘搬得满头大汗，忍不住为她擦汗，想送她一个礼物，而当时他的口袋里只有一枚党徽。

灾情要求他们持续作战。保电期间，保电分队始终以尽快恢复人民群众用电为信念，全力开展抢修。

宏江瀚苑小区因电缆竖井中低压母线受潮，低压线路送不上电，1200余户居民

7月27日，娄底公司突击队在都市丽茵小区对环网柜进行排查

停电多日。抢修人员在狭窄的竖井中排查故障，汗水、灰尘混杂在一起，脸上、衣服上漆黑一团；竖井窄到不能转身，炙热的空气和灰尘混杂，让人呼吸不顺畅。但他们不顾艰苦的环境，轮班作业十多个小时，终于在次日凌晨3时处理完全部故障点，逐变、逐线恢复了小区居民送电。

抢修过程中，大量小区居民陪着突击队员们抢修，有的居民家中已经有电了也不回去，说："师傅们这么辛苦，我们要陪着你们。"抢修人员撤离时，居民一路簇拥到小区门口，挥手相送直到抢修车开出很远。第二天，小区居民找到抢修驻地，送来了"千里驰援解民忧，风雨同济显真情"的锦旗。

在驰援郑州的战斗中，娄底保电分队积极作为，主动向省公司保电前线指挥部争取任务。保电队员奋勇争先，充分发扬了湖南人"吃得苦、霸得蛮"的精神，全身心投入到保电战斗中。各小组组织得力，安全高效开展作业，完成任务数量在省公司7支抢修队伍中名列前茅，受到了湖南省电力公司及郑州城西、城北供电公司一致好评，城西公司赞扬他们是"真正的电力铁军"。保电期间，国网湖南电力明煦总经理、谭军武主席到保电分队现场检查、慰问，对保电分队工作开展情况予以高度评价。国网娄底供电公司支援郑州抗洪保电分队顺利完成了保电任务，取得了抗洪保电战的一方胜利。

堡垒建在最前沿　构筑“湘军抗洪线”

——记国网湖南电力支援河南抗洪保电第八临时党支部

◎文 / 王玉程

国网湖南电力支援河南抗洪保电第八临时党支部（以下简称第八党支部），由国网益阳供电公司党员组成，队员53名，党员14名，来自国网益阳供电公司所属运检部、安监部、益联公司、变电检修公司、赫山公司、资阳公司、沅江公司、综服中心的优秀骨干。

铁骑开道，交警护航，歌声回荡，情满豫州。7月29日上午，郑州市中原区委区政府、郑州市各界群众和中小学生代表等1500余人汇聚一堂，举行隆重热烈的欢送仪式，以最高礼遇欢送国网湖南电力援豫勇士凯旋。

河南遭遇历史罕见的极端特大暴雨天气，防汛抢险救灾任务十分艰巨。汛情就是命令，安澜就是责任。面对突发洪涝灾害，国网湖南电力益阳分队嘹亮地吹响了

“援豫集结号”，分两个批次共组织支援队员53人，派出大容量发电车1辆、抢修车辆9辆，携多台发电机、应急照明灯、气体检测仪等，逆行出征、向险而行。在抗洪保电最前沿——国网湖南电力东方红（周顺）共产党员服务队风掣红旗猎猎作响，湘豫携手同行、风雨同舟，为郑州4个小区、3个村，6200余户居民恢复正常用电。在豫期间，国网湖南电力东方红（周顺）共产党员服务队以优良的作风、攻坚的决心、为民的情怀、出色的业绩，交出了一份抗洪保电的精彩答卷！

党旗飘扬，展示“铁军风貌”

7月23日，国网益阳供电公司第二支驰援郑州的队伍出发前往900公里之外的郑州进行抗洪保电，24日凌晨紧急召开前线指挥部组织的调度会，成立第八临时党支部。

支部书记张蕊强调“一个支部一个堡垒，一名党员一面旗帜。打赢抗洪保电攻坚战，是国网湖南电力党委所托，是人民群众所盼，关键时刻我们必须冲在最前面。”

经支委研究决定，全体队员实行准军事化管理，非抢修出勤，一律在房间休

益阳公司举行“出征”动员仪式

整待命，规范个人行为，食堂就餐、出发抢修统一列队后，由领队张蕊带队有序前往。按照“安全、高效、担当”的原则，制定抢修作业、工作许可及恢复供电、抢修车辆、配变室及箱变抢修、城市电缆抢修、应急电源车、防疫及饮食卫生等7个方面安全规定，并按照“安全第一、快速高效恢复”的工作原则，确定了“断、查、烘、试、供”五字抢修流程，以最安全的抢修方法、最快的速度恢复停电小区供电。临时党支部要求全体队员严格要求自己，服从命令、听从指挥、坚守岗位、履职尽责，在灾后抢险复电工作中接受党的考察和人民的检验。

争分夺秒，点亮“一村灯火”

到达郑州的当晚，益阳公司应急保电队接到的第一个工作指令就是对10千伏34板古农线47–51#杆线路倒杆故障进行处理。“故障点位于郑州邙山，道路受损严重，已经停电整整5天。”收到指令后，益阳分队领队万方林第一时间同郑州供电公司人员联系，了解故障基本情况，并连夜组织队员们召开会议，研究制订工作方案。

24日上午9时，邙山的交通刚疏通，益阳分队便火速赶赴邙山。经过现场勘察，抢修人员顶着酷热，有条不紊地进行安全监护、搬运材料、组装金具等架线作业前的准备工作。

下午3时，杆上作业正式开始。在工作负责人钟志兵的统一指挥和杆上、杆下人员的共同努力下，第一根导线随着滑车的转动平稳地收了起来。直到21时结束，抢修人员完成立杆3基、校杆1基以及相关金具、导线拆装更换。22时30分，故障线路搭火送电成功。经过12个小时的抢修，周围村民家中灯亮了，心暖了……

“哇，来电了！这些湖南电力的小伙子们真行！”7月24日晚上10时30分，故障线路搭火送电成功，郑州邙山村里星星点点亮起的灯让所有人欢欣鼓舞。

湘豫深情，接力“爱的电流”

7月25日，郑州市区升龙国际C区政通路11号配电间渗水故障抢修工作中，需对高压电缆、专变等配电设备干燥后开展相关高压试验。施工前发现一氧化碳浓度

省公司安全稽查益阳公司抢修现场

严重超标，有危及抢修人员身体健康的安全隐患，益阳分队立即停止作业，撤离人员，同时报国网湖南电力前线指挥部。指挥部高度重视，并要求其他作业单位引起注意。

7月26日，经过鼓风机通宵不间断工作加快一氧化碳气体排出，留守现场的4名抢修队员定时进行安全巡视，早上9时再次检测，一氧化碳浓度已降至报警值以下，抢修队员随即开展抢修，“我们先给配电室抽积水，清理淤泥，进一步通风、清污，并用丙酮擦拭了设备表面，确保设备干燥、清洁，确保作业环境安全。”现场负责人万方林说。配电间空气闷热潮湿，队员们的工作服很快被汗水打湿，神情也有些许疲惫。“来，大伙一块帮一把！”抽水管在大家的双手中接力传递着，成为一条传递湘豫深情的纽带。

现场清理完毕后，队员们开始逐个对被浸泡的表计、分接箱、配电设施和相关线路设备进行检查。“兄弟们，大家拿出湖南人‘吃得苦、耐得烦’的精神，一定要尽快为居民复电！”作为队长的张蕊不断为大家打着气。抢修队员们凭借顽强的工作毅力，娴熟的技术，很快查到了故障点，险情排除完毕。完成了相关受损设备的更换、恢复工作，并逐楼、逐单元复电。7月26日下午1时5分，升龙国际C区2400余户居民恢复供电。

小区的居民纷纷送来了牛奶、面包等物资表达心意。为感谢国网湖南电力东方红（周顺）共产党员服务队的辛勤付出，升龙国际C区业主代表特地制作了一面印着“千里驰援显真情，大爱无疆永铭心”锦旗送到队长张蕊手中，对队员们感激地说道：“你们不畏艰险，勇挑重担，埋头苦干只为快速恢复我们的生活用电，郑州市民将永远铭记你们的辛劳与汗水，谢谢你们！”

洪水无情、电力有爱。在抗洪保电最前线，国网湖南电力东方红（周顺）共产党员服务队的队员们赴一线、淌大水、爬泥坡、保供电，在黑暗与光明的较量中，用责任和担当，守护着万家灯火。

升龙国际配电间抢修现场

纾困驰援“湘军”勇　水患无情人有情

——记国网湖南电力支援河南抗洪保电第九临时党支部

◎文 / 陈梓瑞

国网湖南电力支援河南抗洪保电第九临时党支部（以下简称第九党支部），来自娄底、张家界、怀化、邵阳、郴州、岳阳、益阳、株洲、永州供电公司共9家单位，共有队员36名，党员14名，均为各单位相关专业骨干，领队及支部书记由邓耀东同志担任，主要对口支援郑州城区及荥阳市部分小区村镇的应急电源保障工作，开展驰援河南抗洪保电工作任务。

“在大灾大难面前，你们用实际行动践行了‘人民电业为人民’的企业宗旨，向英雄归来的你们致敬！”7月30日，第一批驰援河南的国网湖南电力应急保障支部（第九党支部）抢修队员载誉归来，等候已久的职工群众第一时间为其送去了鲜

队员们在小区配电间紧张操作

花和敬意。

“水患无情人有情。”驰援河南的国网湖南电力应急抢修车队一路昼夜兼程，把国网湖南电力人的爱心，把六万湘电员工的深情厚谊及时送到河南，充分彰显了飘扬的党旗下电力“湘军”的勇气与担当，职责和使命。

紧急驰援　令行禁止

“来电啦！有水用啦！”7月23日11时30分，郑州荥阳市高山镇竹川村的村民热烈欢呼。在村集中抽水泵房里，发电车源源不断往村里输送着电，村民们将一桶桶水灌满搬回家。看到这一幕，国网湖南电力支援河南抗洪保电第九临时党支部抢修队员甘剑锋欣慰地笑了。为了这一刻，甘剑锋和队友们7月21日晚从岳阳出发，昼夜兼程，几经周折，2天时间里奔驰了1100多公里。

灾情就是命令，7月22日起，国网湖南电力党委迅速选调精兵强将千里驰援。来自三湘大地的397名电力员工、92台车辆（其中发电车9台）陆续抵达郑州，全面展开抢修工作。为积极投身抗洪保电，国网湖南电力支援河南抗洪保电保障队成立临时党委，下设9个临时党支部，深入讨论和研究抗洪保电重大事项，让鲜艳的东方红共产党员服务队队旗在保电一线高高飘扬。

国网湖南电力支援河南抗洪保电第九临时党支部随即成立。该支部队员分别来自娄底、张家界、怀化、邵阳、郴州、岳阳、益阳、株洲供电公司等8家单位，共36人，其中副班长以上岗位人员17名，均为各单位相关专业骨干，具有扎实的专业技能和丰富的工作经验。

“感觉每一名抢修队员都特别的积极，往往凌晨才回来，大清早就要求分派新的任务，不知疲倦。”国网岳阳供电公司配电部副主任邓耀东、国网湖南电力支援

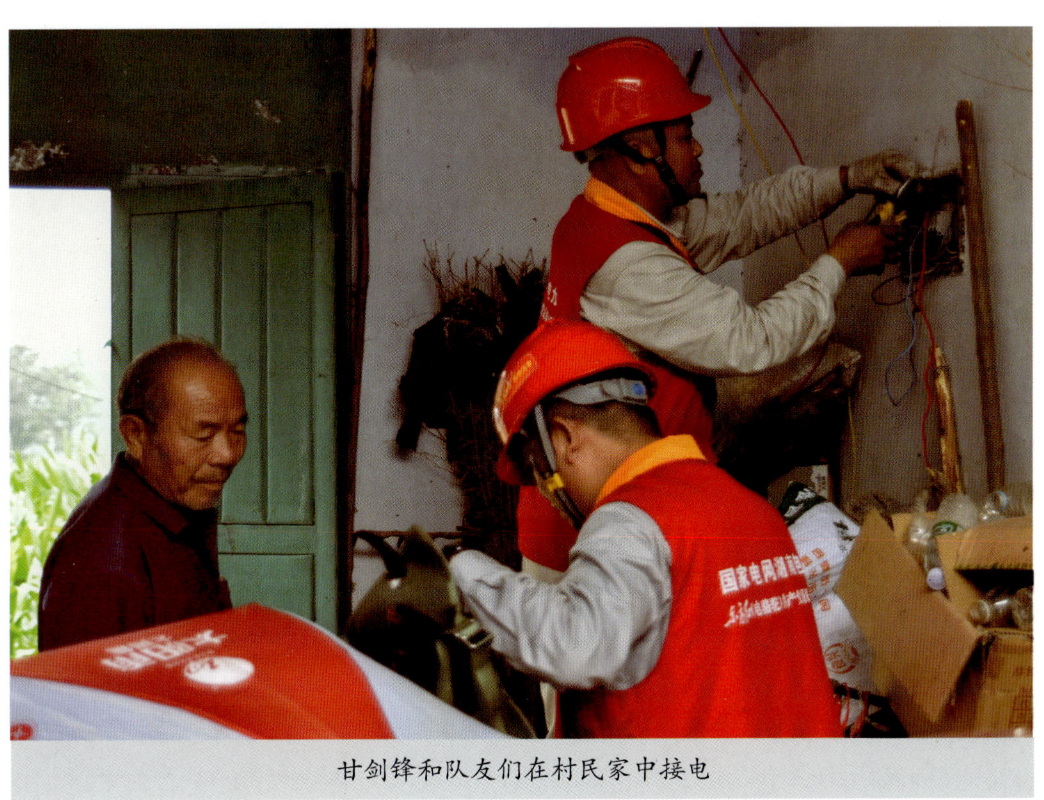

甘剑锋和队友们在村民家中接电

队员们马不停蹄地开展放线等工作

河南抗洪保电第九临时党支部支部书记被每一名支部队员的热情和冲劲所感动。

23日早上10时许，邓耀东接到省公司援豫前线指挥部的命令，由于城北供电部的金山邑境配电所全停，影响天伦开元城小区2500多户及郑州市第三人民医院备供电源的供电。

抢修队在30分钟内迅速到达现场开始抢修工作，现场查勘、工前准备、停电检查、检修试验……在飘扬的党旗下，队员们凝神静气、分工合作，最终于24日4时35分恢复正常送电，圆满完成了抵达河南的第一个抢修任务。

为民解困　冲锋在前

“儿啊，不要担心了，今天湖南电力抢险的来了，现在有水、有电用了！”7月24日上午10时30分，荥阳高山镇穆沟村75岁的王婆婆满含热泪地拨通了在外地工作的儿子的电话，连声要儿子放心。原来由于道路严重塌方，救援队无法到达村组，村里已经停电七天了。

当天上午6时，天还蒙蒙亮，当国网湖南电力支援河南抗洪保电第九临时党支部抢修队员甘剑锋开着橘黄色的发电车进入村里时，村民们一下子看到了光明和希望，全村一片沸腾。殊不知，到达郑州后，尽快为这个村恢复供电，就是甘剑锋接到的第一个指令，就是大家心头最大的牵挂。

7 月 23 日下午 16 时，完成对竹川村的恢复送电后，甘剑锋马不停蹄地赶往穆沟村，一路上触目惊心，到处是冲刷的淤泥、倒损的电杆，电力设施受损严重。由于进村道路水冲塌方严重，清理困难，当晚 22 时，发电车到达村口后却迟迟不能进村。甘剑锋急得直冒汗，“这里已经停了七天的电了，老百姓一定非常着急。”

24 日上午 6 时，在大型挖掘机、铲车的通宵作业下，道路清理完成，在一旁等候的发电车第一时间进村运行，首先解决为村里抽水系统供电的问题。

查看变压器、打开发电车，甘剑锋和队友开始放电缆接线。“我们也一起来！”看到甘剑锋和队友来回忙碌，周边的爷爷奶奶、大叔大伯们纷纷自发加入了放电缆的队伍，为早日通电尽上一份心力，点滴力量汇聚成了输送光明的洪流。

“7月22日到达，7月23日为高山镇竹川村发电9个小时，7月24日为高山镇穆沟村发电11小时，7月25日为高山镇穆沟村发电13小时，7月27日为郑东新区莆田六组安置区发电12小时，7月28日为郑东新区莆田六组安置区发电17小时，7月29日为郑东新区莆田六组安置区发电6小时……”甘剑锋的工作日志上，写满了从到达河南到现在的抢修保电地点。

赠人玫瑰　手有余香

“爸爸，你是英雄，等着你们回来。”7月29日，国网湖南电力支援河南抗洪保电第九临时党支部有着23年工作经验的抢修队员李辉在听到家中8岁女儿的鼓励后，不禁潸然泪下。早在出发前，家中的爱人就支持他去参与此次抢修任务，温暖不仅来自家庭，还来自灾区的人民群众。

“我们平时都不敢穿工作服去买早餐。”在抢修结束间歇，李辉和队员们想去附近的小卖铺买点东西，却被热情的村民告知不需要收钱。

在高山镇穆沟村，看到电力抢修队伍的辛苦，村民们纷纷送来了馒头、粽子、八宝粥等各类干粮。面对村民的盛情感谢，队员们一个个湿润了眼眶。

从7月21日晚到离开河南灾区，李辉和队友几乎没有睡过一个囫囵觉。可此时看到老百姓的笑脸，他内心更坚定了一个信念——“使命必达，保电有我！”

据了解，国网湖南电力支援河南抗洪保电保障队临时党委第九临时党支部共有党员14人，主要负责援郑地区的应急用电保障工作，在本次支援工作中，总计完成荥阳市高山镇穆沟村、郑东新区莆田六组安置区等25个小区村镇，共6700余户的供电保障工作。

伍
先锋模范
XIAN FENG MO FAN

周顺的援豫日记

——记国网沅江市供电公司配网抢修班班长周顺

◎文／周顺

周顺，男，汉族，1990年1月出生，2011年5月入党，硕士研究生，国网沅江市供电公司配网抢修班班长。

2021年“七一”前夕，周顺荣获“全国优秀共产党员”称号，受到党和国家领导人在人民大会堂的亲切接见。

2021年7月22日

我们一行3人在国网湖南电力“东方红共产党员服务队”旗帜引领下，于7月21日19时30分从湖南益阳沅江出发，历时20多个小时，到达郑州荥阳市。

路途确实很辛苦，特别是7月22日凌晨3时30分到达湖北孝感服务区时，没有地方休息，大家只好挤在发电车里、服务区凳子上，凑合休息了2个多小时。6时不到，又都不约而同地简单洗漱完毕出发了。我们心里只有一个念头：早一分钟赶到需要我们的地方，那里的老百姓就能早一分钟用上电。

到了荥阳市，大家顾不上洗澡，马上与国网荥阳供电公司工作人员对接，要求立即赶赴救灾保电现场！这就是国家电网人，总是把老百姓用好电放在首位。

简单的晚餐后，我们先遣队的3台车都去了受灾最严重的汜水镇。这里已经断电断水4天了。看到我们的到来，老百姓激动不已，都说：“你们从湖南那么远来，

测量输出端电压

辛苦啦！”

我和师傅郭卫华被安排在汜水镇廖峪村。该村已经连续4天4夜没有电、没有水了，村民们急需用电来供水。现场查勘后，我们开始将变压器高压侧断开，将电缆接入，在当地老百姓的协助下，终于在21时30分成功送电，成为国网湖南电力3台500千瓦发电车中最先送电的车组。

看到电灯亮起来的那一刻，我和师傅都松了一口气，完全忘记了20多个小时的舟车劳顿。一切的辛苦都值得，谁叫我们是坚强的光明使者！

2021年7月24日

我和师傅是不约而同主动报名来河南救灾保电的。

当时，我并不知道师傅也报了名，因为我们俩都已经不在配电运检班工作了。但领导很快同意了我们俩的申请。我很开心，又能和师傅一起并肩战斗，出征完成这么重要的任务了！

今天，是我们的第三个保电点。我和师傅还是保持了当年在班里的默契。师傅是技术总负责，我们各司其职，中间没有出现任何差错，每一次现场接电都控制在1个小时之内，保证当地居民尽快用上电。

我和师傅都是共产党员。我们每天早上5时多就起床，早早赶到现场；每天晚上撤离时，我们都会主动要求迟一点走，让老百姓能够多用一会儿电，走早了都会感到很愧疚。

同事们都说：“你们师徒配合，强强联手，战斗力超强！”

我想，所谓共产党员，就是把人民永远放在心里，关键时刻站得出来、危难关头豁得出去，把对党和人民的忠诚与热爱落实到行动上。这应当就是“战斗力超强”的动力所在！

作为国网湖南电力援豫先遣队副队长，我带着3台发电车在荥阳市灾情最严重的汜水镇救灾保电。

我们每天都会听从当地供电公司调度的指挥，到最需要的地方去执行保电任务，有时候可能一天要转战几个地方，工作强度、安全压力都相当大。

但是，我们的队员总是主动申请去最困难、最边远的地方。在他们身上，我看

整理发电车电缆

到了国家电网人的无私、奉献、敬业的精气神。在这里，“人民电业为人民”被国家电网人做出了最生动的诠释。

2021年7月25日

今天，我要再来说说我的师傅郭卫华。

我的师傅不但是国网湖南电力“东方红共产党员服务队”旗下的队员，还是湖南省劳动模范。

到目前为止，我的师傅是对我影响最大的一个人。他对工作认真细致、高度的责任感以及忘我无私的奉献精神，都给我树立了好榜样。

师傅不但人品好，技术更是一流。这次到河南救灾保电，又与师傅成了搭档，我就像吃了定心丸——有师傅在，一切皆是坦途。

这次的救灾保电，具有很大的危险性。灾后的电力线路设备，都不同程度地被水浸泡，设备外绝缘是否被破坏无从得知。最大的安全隐患，还在于我们不清楚线路后方的用户什么时候会突然使用自备发电机发电。特别是刚开始灾情紧急，接地线无法保障，我们在工作时有可能遭遇反送电的危险。

“我经验足，让我来！你们保证好安全！”每当遇到这种危险情况，师傅总是拨开我们，自己冲了上去。

在分离配电箱内断路器进出线时，师傅坚决不让我去，让我在下面配合。

师傅还是和当年一样，总是把最危险的地方留给自己，而我也一次次愧疚，没能“犟”过他。

在师傅的身上，我看到了一名真正共产党人的精神风貌：在危险面前有责任、有担当，敢于斗争，敢于胜利！

2021年7月26日

抵达荥阳以来，我们先遣队已为2000余用户恢复送电。

17时30分，我们在荥阳市汜水镇的保电工作陆陆续续结束，将在明天上午转战郑州市区。

这么多天来，我对汜水镇的老百姓有了更深刻的认识。他们都是朴实、善良、热情的人。当我们的发电机停下来时，他们都从屋里走出来，大概是知道我们要撤离了，因为我们从来没有这么早收工过。

李大娘用那不怎么标准的普通话问我：“小伙子，你们要走啦？”

我点点头说，“是的。”

周围的老百姓听说了，都给我们鼓掌，并说：“你们辛苦了！”

所有的人都开始自发地帮我们收电缆，短短的50米电缆却被20多人用双手传递着，重重的电缆此刻传到我们手里也变轻了。

回想在汜水镇的5天，许多细节，一直让我们很感动。

我们每天的中餐和晚餐，都是吃自己带去的干粮。但当地的老百姓很热情，知道我们是从湖南来的以后，很少吃米饭的他们，每餐饭都有好多人家抢着做米饭和辣椒炒菜送给我们吃，我们的队员经常被老百姓架着去他们家里吃饭，我们在值守发电车的时候也会有人源源不断地送来冰水、西瓜、水果等食物。

检查发电车油位

每天的不同时刻，都会有老百姓过来问我们还需要点什么，都会过来带给我们吃的喝的。

我和师傅聊天说，在这里待了5天，物资越用越多，矿泉水越喝越多。

“那要感谢当地的老百姓！”师傅说。

是啊，这就是我们中国的人民——团结的人民、热情的人民、善良的人民。他们的友爱，让我们感受到了“湘”“豫”情深，再苦再累都值得。我们一定不辱使命，坚守岗位，为人民送去光明，送去希望。

2021年7月27日

上午9时30分顺利抵达郑州。刚到集结点，立马接到指挥部下达的保电任务。

我们3人来不及放下行李，立即随车赶到郑州火车站旁的二七区二马路79号院保电地点。

在途中，一波三折。由于对城区不熟悉，连续被限高栏杆挡住去路，我们十分焦急。

保电地点急需用电，联系人在电话那头也很着急。小区已经7天没电没水了，对人民群众生活造成了很大影响。

我们不得不求助交警，在交警热情的帮助下，很快到达现场。

查勘现场后，我们研究制定了最快的接入方案：从一处电缆中间接头处断开接入，时间最短。经过30多分钟争分夺秒的接入工作，成功送电！

周围的群众沸腾了！太久没有电了，有电意味着有希望！

我和师傅打趣地说："这是我们从荥阳汜水镇转战到郑州市区的第一战，是'农村包围城市'的经典战役。"

2021年7月29日

我们接到通知，30日，湖南公司所有的人员统一撤离。今天我们就是收拾行李，检查车辆，为明天返回湖南做准备。上午8时，接到指挥部电话，荥阳市豫能电厂需要一台500千瓦发电车接替已经在那连续工作了90多个小时的发电车。我们没有迟疑，马上和当地工作人员联系，火速从郑州赶往荥阳市。9时半，我们到达现场，经了解，是该电厂外的两台大功率水泵需要维持启动，而该水泵所使用的厂用电电源已经被大水毁坏。在现场和青海公司的同事沟通后，我们迅速就位开始接入电缆，10时半，水泵正常启动。电厂负责人了解到我们明天就要撤离河南，今天还从郑州赶到荥阳来保电，十分感谢，我说："我们从湖南来就是来为你们保电，只要还在河南，我们会工作到最后一刻。"电厂方负责人连连称赞，后来，趁我们休息时，电厂负责人给我们送来锦旗"暖心服务真诚助企业，高效行动携手抗洪灾"。我想，这是人民对我们国网人有担当、履行社会责任的一种肯定，国网人，中！

2021年7月30日

晚上10时半，我们安全抵达益阳，见到了熟悉的领导同事，受到了大家的热烈欢迎，我们自豪万分，因为我们以优良的作风、为民的情怀、出色的业绩，交出了一份抗洪保电的精彩答卷，赢得了河南人民与社会各界的高度赞誉。

回想在河南的8天时间，一幕幕感人的画面在脑海回放，33052人、9849辆车，投入财力物力超过12亿元，在8天时间里日夜奋战用国网速度抢回了郑州电力供应，很庆幸生长在这样一个有力量的、有大爱的国家，在援豫的8天时间里，真正感受到“一方有难，八方支援”8个字里蕴含的巨大民族凝聚力，各方疾速驰援中原，特别是随处可见的国家电网元素，分布在郑州各个街道、小区日夜坚守。还有我们敢战敢胜的共产党人，会因为没有领到抢修、保电任务而失落不已，会因为没有去到最艰苦最困难地区执行任务而遗憾。

红旗飘飘，党旗猎猎！这就是我们共产党员，把人民永远放在心里，关键时刻站得出来、危难关头豁得出来，把对党和人民的忠诚和热爱落实在行动上。

援豫一线　救灾保电永不"倦"

——记国网湖南电科院配网技术中心赵邈

◎文／贺蓓　周靖翔

赵邈，男，汉族，1985年1月出生，中共党员，现任国网湖南电科院配网技术中心五级职员，长期从事配网专业技术监督工作，国网公司配网防雷专家组成员。

“我们推选电科院的赵邈成为我们这次任务中的优秀先进个人！”在国网湖南电力援豫前线指挥部的临时办公点，大家正在热烈地讨论着此次援豫救灾任务优秀先进个人的人选，来自国网湖南电科院配网技术中心的赵邈，成为了大家推举的焦点。

这个黑瘦的小伙，似乎永远不知疲倦。来到郑州后，赵邈没有一天的睡眠时间超过5小时。作为协调组的核心成员，他对每个抢修点的现场情况、工作进度、技术难点都了如指掌。他不是穿梭于各个抢修现场，解决各种“疑难杂症”，就是忙着协调各类物资，紧急运送到需要的地方。对他来说，这次任务是身为一名青年共产党员的使命，更是作为一名国网电力人的责任！“救灾抢险，就是与时间赛跑，这本来就不允许我有一丝倦怠！”这位风风火火的瘦小伙，正用他无限的干劲与专业的技术，给面对灾害手足无措的百姓，点亮心中那束温柔的光……

7月26日　赵邈在嵩山食品商业配电站开展干式变压器试验指导

给病重母亲的一个善意“谎言”

时间回溯到7月22日上午11时，那通驰援郑州保电应急救援的电话，拨动了赵邈的心弦。

赵邈当时有点纠结：母亲年初因脑溢血住院近半年，出院不到半个月，需要亲人陪护；自己是共产党员，同时也是配网专业技术人员，这种关头必须挺身而出。

不到两分钟，赵邈做出了决定：去郑州。

可卧病在床的母亲那里该如何交代呢？思索了片刻，赵邈便决定给他这个出征前最大的牵挂，编造一个善意的“谎言”“妈，我这几天因为迎峰度夏需要，单位要求24小时值班，这段时间出差我就不能回家了。”电话那头母亲的关心与叮咛还没说完，赵邈便连声应好，急匆匆挂断了电话，

当日下午4时，赵邈和另外两名同事组成“电博士”团队，带着满满一大货车电力试验仪器，在国网湖南电力东方红共产党员突击队旗帜的引领下，毅然决然地踏上了奔赴郑州的征程。

7月23日凌晨5时，一夜未眠的3人抵达郑州防汛一线。在无水、无空调的简陋场所草草休息2个小时后，7时，抢修任务正式开始。一路奔波，让赵邈这个平时热爱运动的小伙也有些顶不住“倦意”，但看着受灾现场民众的那一双双期盼与感激的眼睛，他决定铆足精神抢修攻坚。

给抢修队员的一份技术保障

国网湖南电力的对口帮扶单位是郑州城北和城西供电部，赵邈的工作是接收任务，并将任务科学分配给湖南的7个市州电力抢修队，指导制订抢修复电方案和试验分析，解决现场各类技术问题。

当天，赵邈把现场情况精细地梳理了片刻，派出了5个任务单。其中第一个也是难度最大的任务，是分配给熟练掌握站房类设备状况的其中一个供电公司抢修队的：尽快实现金山邑境开闭所复电。

彼时，金山邑境的3700多户居民，已经过了4天无电无水的生活。

通过现场查勘及试验分析，赵邈带领抢修队队员初步找到了各个故障点，并制订了详细的抢修复电方案。

“由于配电间受损非常严重，我们检修和实验的时间跨度都拉长了。”赵邈介绍，抢修从中午12时持续到晚上11时。这时，抢修队又面临一个技术难题：对配电间的开关柜整柜母排进行耐压试验抢修。

抢修队员赶紧求助他们心中的“技术权威”赵邈。结合平时遇到类似问题总结的经验和现场分析，赵邈迅速找到了问题所在。

7月24日凌晨3时半，金山邑境全面复电。首战告捷！“平时我们在日常配网检修时就经常与赵邈合作，只要有他在，我们现场作业起来就踏实不少！”有赵邈这个技术能手的帮助，这无疑给现场的一线抢修人员带来了一份技术保障！

24日上午7时，赵邈又接到了一项新任务：抢修郑州城西香榭丽舍配电间。有了前一天的经验，这次，他和抢修队结合实际情况，对方案进行优化，抢修效率大大提高。从下午2时半抢修开始，到晚上11时恢复供电，仅用时8个半小时。

一直守在现场给大家送水、送饮料的30多位居民当场开心地跳了起来，一边欢呼一边感谢：“谢谢湖南的兄弟们帮助，停电5天了，我们终于能用上电了！”

7月23日 赵邈在郑州金山邑境配开闭所开展整柜工频耐压试验前接线检查

给当地百姓的一颗“定心丸”

抢修一直在进行，赵邈穿梭于不同的现场，解决各种“疑难杂症”。他的另外一项工作，是协调各类物资，将物资及时分配到各个现场。

7月25日上午，抢修队发现五龙怡景小区的变压器损坏，需要更换箱变。赵邈当即与物资人员前往高速公路出口，提前等待从河南安阳运送过来的箱变，接到后立刻送往抢修现场。

“按照流程，设备得先送到仓库，再送往抢修现场。我们这样，一下节约了近3个小时。”赵邈很是开心地说。

箱变是大设备，需要占六七个车位。一到抢修现场，小区居民立即自发移车为设备腾空间。一墙之隔的另外一个小区并未停电，居民也纷纷为大家送来了八宝粥、红牛等。“谢谢你们！辛苦啦！”尽快恢复供电，就是给身处灾区的居民百姓最好的“定心丸”，看着附近居民们感激的目光，听着周围居民们一句句发自肺腑的感谢，赵邈与同事们倍感欣慰！

在到达郑州的短短四天内，赵邈所在组负责的40多个受灾小区基本恢复供电。

“他好像永远不知疲倦，思路清晰，做事严谨，走路、说话速度都很快。”国网湘潭供电公司应急支队队长何亮惊讶于赵邈一直饱满的精神状态。

“可能是因为我爱跑马拉松吧，耐力好、毅力强。每次抢修都有很多居民在旁边急切地等待，每次送电成功都能听到大家的欢呼声和感谢声，这种时候对‘人民电业为人民’这句话的体会更深，这也是我们应该做的。”赵邈笑着说。

抢修还在继续，待到郑州全面复电，赵邈才能返湘。那时，他母亲也能见到“因迎峰度夏需要，在单位24小时值班，短时间不能回家”的儿子了。

风骤雨急敢为先　抗洪保电显身手

——记国网湖南检修公司变电检测中心电气试验班副班长张进

◎文 / 廖婧　贺雨阳

张进，男，1987年12月出生，共产党员，现任国网湖南检修公司变电检测中心电气试验班副班长。

"郑州暴雨，我要去支援。"这是7月22日张进主动请缨去支援郑州的话语，简单却坚定。

大雨袭豫州，牵动国人心。当公司召集首批支援河南抗洪保电东方红共产党员突击队员时，张进立即做出了决定。

从那一刻起，他没有想过有多困难，没有想过将去多久，只想着怎么把这个事情做好，怎么才能用最快的速度让郑州的同胞们告别黑暗点亮灯火；从那一刻起，他做出了所有共产党员都会做出的决定，肩负了所有电网人都会肩负的使命；从那一刻起，他和所有同胞一样，把所有的想法凝聚成了坚定的信念——支援郑州！

信念坚，一腔热血赴前线

险情就是命令，救灾就是责任。"初次听到河南灾情的时候是很揪心的。看到网友发的现场图片、视频都觉得很震惊，自己也有一些心理准备，遇到这么大的险情很可能需要派人过去支援"。作为一名共产党员，也作为一名技术过硬的电网人，张进已经做好了站前排、当先锋、担重任的准备。

河南省电力公司到现场慰问张进等一行支援人员——左二为张进

保电就是战斗，党员就是先锋。7月22日中午11时，得知国网湖南检修公司需要选派2名试验人员赶赴河南参加灾后恢复供电抢修后，张进与应急基干分队成员黄劼怡闻讯而动。“作为一名班长，就要做到要人出人，要设备出设备。”经过简单收拾行囊后，张进、黄劼怡于下午4时携带全套试验设备，随突击队从长沙火速出发。

人未歇，昼夜奋战保送电

深夜入豫，犹如跨过了一个界线，照明的灯火不再，许昌服务区内一片漆黑。张进心中愈发沉重，踢着石子上车的声音格外响亮。

郑州，市郊，清晨6时。路边满目疮痍的水泡车让他对这次灾情的严重程度有了更直观的判断，对支援行动的展开也更加迫切。

首战捷，亮灯火，人不歇。当日下午3时，郑州市金山邑境配电所跳闸，“立即赶赴现场！”指挥部的通知拉开了张进此次支援的序幕。

现场，奋力抢修的电力人和等待供电的居民促使张进加快了脚步。“Ⅰ段母线绝缘较低，耐压打不起，进线开关烧损需要更换”，看似简单的问题却使整个配电所陷入瘫痪。到达现场听到缺陷报告的一瞬间，扎实丰富的工作经验使张进马上制定了缺陷查找工作方案。经过严密排查，迅速将缺陷定位在7～9号开关柜母线穿屏套管受潮、铜锈颗粒引起放电。

“非常时期要有非常手段，一定要在保证安全的情况下尽快恢复供电！”在公司唐信书记的指示下，张进和同事们立即行动，克服现场应急电源、烘干设备功率不足的困难，在昏暗的环境中持续12小时无间歇抢修工作后，于24日凌晨4时35分左右将缺陷处理完成。一次性送电成功，周边2500余户居民家中恢复了光明。

人未歇，一腔热血为送电！多日的抢修让张进对事故的处理越来越得心应手，恢复送电效率也越来越高。7月26日早上7时40分，他和团队成员迎来了抢修过程中最大的困难：郑州国棉五厂北院两台配变跳闸，需要通过试验确认设备是否具备送电条件。

抢修任务繁重，暂无检修人员配合。为了尽快送电，他们既要承担试验的工作也要负担检修的工作。张进经过勘察，发现2号配变高压明显烧损不能送电，1号配

河南省委党校及文苑花园小区抢修现场——左一为张进

变积灰严重，2号配变因顶部漏雨高压放电跳闸，导致相连的1号配变停电。张进工作组在运维人员的配合下，确认带电范围、验明1号配变无电、办理开工手续后，立即开展诊断试验和检修工作。期间繁重的工作一度让张进团队成员出现体力不支的情况，但是经过短暂的休息后，都又迅速投入抢修。下午4时，低压联络开关故障得以消除，已停电一周的国棉五厂北院400余户居民用电全面恢复。

7月27日，张进工作小组又赶赴河南省委党校，对小区19块配电屏柜进行诊断性试验……

爱心在，风雨难阻湘豫情

洪灾无情人有情。7月25日下午，河南省郑州市五龙怡景小区附近的一块电子屏上显示着：感谢国网湖南检修公司、国网湖南湘潭公司、国网廊坊供电公司支援河南郑州抗洪抢险！

在此次抢修工作中，张进工作组负责五龙怡景小区一体化预装箱变试验工作，以最快的速度顺利完成试验，成功帮助小区600余户居民解决用电问题。

抢修期间，周边热心的居民、小区的物业人员，还有村里面和镇上社区人员都不断为检修人员送来水、雪糕、西瓜、自熬的绿豆粥等防暑降温物品，整整堆了一个小山。“我们之前一直是负责主电网的安全稳定运行，接触的是变电，这次抢险任务主要是配电。与居民直接接触，更加深刻地体会到了‘人民电业为人民’的企业宗旨。看到送电成功后大家开心的样子，内心无比的自豪。”张进眼中闪着亮光。

身累心不累。工作结束后，张进随便找了个台阶就坐了下来。把盒饭放在自己腿上，旁边放的是当地居民特意为湖南电力的抢修人员送来的剁辣椒。此时，张进的衣服、裤子、头发都已经全部湿透了，汗珠顺着脸颊滑了下来。“来的目的就是让受灾地区早日通电，这是我的责任和使命，再苦再累都值得”。

现场工作午餐

湘电天使援豫守护　平凡岗位大爱不凡

——记国网湖南后勤中心（健康管理中心）健康专责王琴

◎文／周丽日

王琴，女，汉族，1975年2月出生，国网湖南后勤中心（健康管理中心）健康专责。

“保障电力员工的健康就是我们的职责”。近日，河南多地遭遇极端强降雨，电力设施受损严重。一方有难，八方支援，7月22日下午，国网湖南电力支援河南抗洪保电东方红共产党员突击队集结出征。为保障突击队队员的后勤医疗服务，后勤中心（健康管理中心）选派4名医务人员随同奔赴前线，王琴就是其中的一员。

主动请缨，彰显后勤使命担当

当看到朋友圈里的同事、朋友为郑州加油的景象，王琴当时就在高中同学群里说：“国家有难，匹夫有责，只要河南需要我，只要公司职工需要我，我就第一个报名参加！”7月22日下午，王琴随同省公司援豫突击队第二大队日夜兼程奔赴河南郑州，800多公里，10小时车程，虽然让王琴觉得有些疲惫，但她对自己的决定没有后悔，于次日凌晨3时抵达郑州。防疫消杀、搬运物资、整理库房……一刻也没有停息，便投入到后勤医疗保障工作中。

援豫前 王琴在省公司大楼前留影 准备出征

7月23日的郑州，云迷雾锁，一夜未眠的王琴和后勤中心的3名同事6时不到就赶到了湖南电力支援河南突击队驻地。王琴和同事走上满是淤泥、满目疮痍的街道，看到大部分的小区依旧停电、停水，群众身上穿着的都是带泥的衣服，正在纷纷打听哪个小区通了水电，心肠柔软的她不禁落下泪来。她和同事急忙赶到国网河南省电力技术培训中心，搭建起临时医疗服务点。“现在是疫情期间，我们一定会24小时待命，尽自己最大的能力保障奋战在一线的突击队队员在豫期间的健康安全和后勤物资，让你们没有后顾之忧，全身心地投入到抗洪救灾保电工作中去，早日让郑州人民恢复正常用电。”刚刚给一位队员做完医疗应急服务后，王琴这样说道。当天，她就参与了编写《驰援河南救援队卫生防疫》《国网湖南电力援豫保电卫生防疫》手册，并为保电队队员清点、分发生活、防疫、防暑等物资。直到晚上8时多，累得气喘吁吁的她没有休息，而是配制好消毒液、背着装满10升消毒液的喷雾器仔细地对突击队入住的三家宾馆进行全面消杀。

入驻郑州7天以来，王琴每天不仅高质量地完成临时安排的各项任务，还会对突击队入住宾馆的环境消杀情况进行仔细检查。如果哪天发现宾馆没有及时消杀，无论多晚回去，她都会背上喷雾器进行全场消毒后才放心睡觉，抢修现场、过道、

在河南省委党校家属院文苑花园现场消杀后 王琴和同事走出地下车库

车库、驻地宾馆到处都有她的身影。“简单的事情重复做，重复的事情用心做。”王琴把这句话作为自己的人生格言。

专业果敢，守护队员身体健康

“1995年宁乡矿山井下救援，1998年抗洪抢险，我都参与过。”7月25日中午1时，王琴接到后勤部临时任务，与同事曾力立即前往位于郑州市升龙世纪花园2区进行现场消杀。那个小区的地下车库门口一片狼藉，满地的淤泥，隔着口罩都能闻到大水过后残留的阵阵恶臭。她走进车库，凭着职业的敏感和矿山井下救援的经验，再看到现场周边环境后评估考虑到有可能存在一氧化碳气体。于是，她立即跑向密闭的地下车库尽头配电间，提醒益阳公司李鑫和现场工作人员，要注意施工人员的安全，避免一氧化碳中毒，而且禁止在不通风处抽烟和使用打火机。当她认真把40多平米的配电间消杀完成后，即刻与李鑫和益阳公司工作人员全部撤离现场，并一再叮嘱队员必须要30分钟以后才能进入配电室作业，现场作业人员一定要每间

王琴在郑州市升龙世纪花园2区地下车库消杀

隔30分钟轮流换岗，交待完所有的注意事项后，已经全身湿透的她才放心地走出车库。

后来经益阳公司仪器检测，升龙世纪花园地下车库一氧化碳浓度严重超标，因为王琴的果敢判断，才避免了一起安全事故的发生。

问心无愧，初心信念依然坚定

河南灾情发生前的7月21日，王琴本来已经向部门主任请好年假，计划借休假的机会陪外地求学回家的女儿出门旅游。身为人民警察的丈夫也是工作任务繁重，一家人平时聚少离多。在河南的7天，女儿多次打电话让她注意安全，说特别想她。说到这里，这个每天奋战在一线10多个小时的湖南女子落泪了。“我也上有老下有小，公公婆婆都70多岁了，年老体弱多病，今年3月婆婆才做完结肠癌手术，正在定期化疗中。我接到出征任务后，第一个电话打给了我妈妈，68岁的妈妈要我安心工作，不要操心家里；第二个电话打给爱人，要他照顾好女儿，我相信我懂事的女儿以后会理解我，支持我在工作上的任何一个决定。”

“当我每到一个小区，看到很多老百姓，虽然家里没了水电、连吃饭都成问题，但只要我们的保电救援队员到达，他们都会把手上仅有的东西往我们手里车里塞，生怕我们在异乡挨饿，那一刻，我感觉无比温暖。我从不后悔当初援豫的决定！”回想起这些天的经历，王琴觉得固然劳累辛苦，但河南人民的热情、技培中心志愿者的热心、各级领导的关怀，让身处异乡的她心里倍感温暖。

每一次灾难面前，爱从来不会缺席，每一次艰难前行中，王琴从来没有退缩过。她用一名医务工作者和后勤人的专业细致，认真为国网湖南电力支援河南抗洪保电突击队提供医疗和后勤服务保障，确保突击队有一个安全的工作环境。

抗击郑州灾情　奋勇向前的力量

——记国网宁乡市供电公司配网带电作业工作负责人朱建强

◎文 / 李丹妮

朱建强，男，汉，1979年2月出生，退役军人，国网宁乡市供电公司配网带电作业工作负责人。

亲切的笑容、白净的面庞、壮硕的身躯，笑起来眼睛就眯成了一条弯弯的缝。他是朱建强——国网宁乡市供电公司配网带电作业工作负责人。他看着很斯文，不像一名长期战斗在暴雨和烈日下的一线电力工人。只有看到他那双粗糙的长满老茧的手，你才能把他和辛苦的一线工作联系起来。

他1979年出生，退役军人，现任宁乡公司带电作业班工作负责人。2000年从中国人民解放军酒泉卫星发射中心部队退伍后，他脱下绿色军装，换上蓝色工装，成为国网宁乡市供电公司的一名输电线路工。2009年他调至配电班，在配电班一干就是十余年，渐渐地从一名普通配电线路工成长为配网带电作业工作负责人。

他始终扎根在第一线，“为人民服务”是他的口头禅。连续十几年的配电生涯，他以身作则，团结班组成员们为电网建设、线路运行维护默默耕耘，为近4万名用电客户排忧解难，得到上级领导和客户们的高度认可和赞誉。

朱建强在登杆作业现场指导开展抢修工作

众志成城　驰援郑州

近日，河南省遭遇历史上罕见的极端强降雨天气，受灾严重，生产生活都受到严重影响。目前，虽然暴雨停了，但郑州市区的很多社区依旧存在停水、停电的情况，灾情牵动着全国人民的心。

灾情当然也牵动着朱建强的心。7月22日，国网湖南电力党委登高一呼发出号召，朱建强热血沸腾，立刻主动请缨奔赴救灾一线，申请加入驰援郑州抢险的团队中，为河南老百姓能尽早恢复供电贡献自己的微薄之力。

此刻，赶赴河南，为郑州人民服务，成为他坚定的信念。

经过12个小时的长途奔波，朱建强和队友们千里驰援河南郑州。刚抵达郑州，长途奔波的他完全顾不上休息，也没顾得上吃口东西，就立刻和队友们奔赴抢险现场。他深知，早一分钟开展工作，郑州人民就能早一分钟享受电能带来的光亮和安全感；而每拖延一分钟，就等同于犯罪。

曾经的军人，现在的电力工人朱建强，油然而生的自豪感和使命感。他穿好工作服，带上安全帽，与队友们全力以赴开始查勘现场，制订抢修方案，进入“疯狂”的工作模式。

以身作则　奋勇向前

7月24日，朱建强担任现场工作负责人，受领郑州供电公司的第一个工作任务。郑州市金水区三全路与金杯路交叉口王砦变电站大富置业小区，因配电间渗水导致电缆故障，已经断电许久。1000余户住户翘首以待，心急如焚。

由于该项支援抢修作业现场情况复杂，朱建强对环境、设备具体情况掌握有限，他与郑州公司运维人员一起组织现场查勘。经过现场工作人员的共同努力，终于找到了故障点，听到同伴的一声“已确认故障点”后，朱建强仿佛打了强心针，带上工具大步向前。

朱建强想，这么快就找到故障点，真是一个好的开始。经过工作开展前的安全交底，他便和队友们立即投入到配电线缆故障处理任务中。

然而困难接踵而至，一掀开电缆井盖，一股恶臭扑鼻而来，朱建强不由掩住鼻子倒退几步。连日的大雨虽然已经停歇，但被大雨冲击来的淤泥和垃圾充斥着电缆井内，经过近几日发酵后，非常刺鼻。

为防止作业人员被井内有毒气体伤害，朱建强和队友们搬来强力排风扇，对着井口进行了加速通风处理。现场骄阳似火，地表温度达到四五十摄氏度，但在场的同志们没有一人退缩，任汗流浃背，衣服浸湿。毒气散尽后，朱建强抢先下井，一直在井下坚持干了几个小时。身上的工作服湿了又干，干了又湿。队友们让他休息一下，保存体力，他却连连摇手说："小区停电这么久了，居民们还自发地给我们送水送饭，他们这么心疼我们，我们能做的，就是撸起袖子加油干。"

经过近十个小时的连续奋战，故障终于排除。经过电缆故障测询、修复后试验工作终于在傍晚时顺利完成。试验合格后，他们脸上才露出了舒心的笑容，拨通郑州供电公司运维人员电话，让其对该电缆线路进行复电。晚上23时许，小区终于恢复供电。

灯亮起来的那一刹那，小区里欢呼声四起。朱建强笑了，他笑得眼睛眯成了一条缝，他的身后是——万家灯火。

以光之名　抢险必胜

7月24日至今，朱建强和队友们的抢修工作还在进行中。郑州抢险救灾工作在全国人民的支持下，已经进入一个崭新的阶段。

电来了！水来了！信号恢复了！道路畅通了！这是中国的速度，这是中国的决心和力量！

阳光洒在郑州的土地上，一扫往日阴霾。郑州的供电，从一开始的几乎全城断电，到现在恢复得越来越快，背后是无数个像朱建强这样默默付出的俗世英雄！

他说："能为抢险工作尽自己的一份力，我感到很欣慰。我只是做了一个中国人，一个国家电网一线员工该做的事。只要能帮到他们，所有的辛苦都是值得的。我们很有信心，在党和政府的领导下，所有驰援人员团结协作、勇往直前，我们必定会赢得抗洪救灾的最终胜利！"

在踏入电力行业的第19个年头，朱建强一直积极向党组织靠拢，这次在援豫突

朱建强在郑州金水区开展配线电缆故障抢修

击队中，看着党员突击队员们的行动与他们的奉献精神，他的思想境界又得到了进一步的升华，火线向党组织递交了入党申请书，在鲜艳的党旗前许下铮铮誓言。他说："能与这么多优秀的同志们一起奔赴灾情严重的郑州，我感到很光荣，在这场没有硝烟的战斗中，冲在最前线，不怕困难，很多人都是共产党员，他们的精神感动了我，让我坚定了加入中国共产党的决心。"此次朱建强参与正弘豫园一期配电间950余户、国棉五厂北院700余户、杲村一柜连霍高速公路管理处、王52板至丰庆北线主电缆、王32板至大富置业小区主电缆、省委党校电缆故障查找、郑大附一医院配电间抢修及故障等14项救灾保电工作，朱建强用自己的实际行动，向祖国交上了一份满意的答卷。

“豫”见光明 “湘”信美好

——记国网长沙供电公司配网部专责刘涛

◎文 / 王奥 张祺

刘涛，男，汉，1987年9月出生，国网长沙供电公司配网部专责。

灾情就是命令，保电就是责任，7月22日下午，为帮助河南郑州尽快恢复供电，国网长沙供电公司“电雷锋”火速驰援救灾一线，投入灾区电力抢修，党员刘涛便是其中一员。经过长途奔袭800多公里，历时13小时，刘涛一行于凌晨3时抵达了河南郑州，便马不停蹄地开始了抢修工作。

勇挑重担　助力首战告捷

郑州公司牛砦所辖区内81条10千伏线路，832个台区，16万户居民，约60万人。牛砦所作为郑州公司129个供电所中体量第二的供电所，在此次洪灾中受灾面积极大，停电用户极多，恢复难度极高。这便是“电雷锋”们此次援豫的主战场。

理论技术和具体实践都过硬的刘涛，主动请缨当“首战先锋”，第一时间前往托斯卡纳小区查勘受灾现场。为尽快帮助居民恢复用电，刘涛在37摄氏度的高温天气下，迈着急促的步伐，仔细检查小区配电设备的受灾情况。半天下来，他的微信步数便突破了两万步。

刘涛在郑州街头指导开展抢修工作

由于郑州托斯卡纳小区专变供电设备进水受潮，部分公共设施无法正常供电，居民电梯、日常用水成了难题。在确定故障情况后，刘涛立即组织“电雷锋”将配电间的受潮设备搬运到空旷地方，进行酒精消毒、烘干等处理。在进行设备烘干时，人站在烘烤机旁边，像钻进了蒸炉，“感觉有近50摄氏度的高温。我们轮番上阵，尽一切可能，帮助小区恢复供电。”汗流浃背的刘涛平淡地说道。

25日上午6时20分设备复验完毕，小区送电成功，首战告捷。电灯发出的光不仅重新点亮了小区每间房屋，更温暖了所有受灾群众的心。而刘涛来不及与小区分享恢复供电后的喜悦，便第一时间赶赴下一个抢修现场。

“湘”伴而行 “豫”见温暖

结束了一天的抢修工作后，刘涛并没有选择休息，他仔细总结了一天下来抢修过程中发现的问题，为下阶段更快更好地帮助灾区恢复供电，他在郑州城区四处寻找购买电力烘烤设备。

刘涛在配电室开展设备抢修

五棉北社区小区作为一个老旧安置小区，共有3700余户居民，住户以老年人为主，且小区电力设备老旧，受灾情影响导致小区近1300多户居民没有电用。

7月26日，“电雷锋”们的出现，吸引了该小区居民的关注；并询问有哪些需要他们帮忙的……不到15分钟，居民自发准备好了酒精、抹布、桶、高压水枪、接线板等设备。在小区居民的帮助下，仅仅3小时便完成了第一阶段的抢修任务。“谢谢叔叔给我们发电，这是我妈妈准备的水和西瓜，叔叔们辛苦了！”接受居民们质朴的感谢，刘涛十分感动，哪怕是再辛苦也是值得的，刘涛心里念道。

“来电了，来电了。”在历时8小时不间断的抢修工作后，五棉北小区在一片欢呼声中恢复供电。

“逢山开路”到最需要的地方去

7月26日下午4时，刘涛再次接到任务，是郑州枲村被淹柜环网柜、枲村一变箱变检修。刘涛与“电雷锋”队员们迅速赶去现场，蹚水过河、踩着泥泞、挑着物资，到达现场后发现枲村积水还很深，无法进行抢修。他立即冒雨安排部署，先与附近的高速收费站取得了联系，协调调度抽水设备。同时进行现场查勘，与队友们讨论抢修方案。晚上回到宿舍后，刘涛召集队员进一步商讨方案。一夜没合眼的他，在7月27日早上8时，便与“电雷锋”队员们到达枲村，发现枲村一柜现场积水已抽干，刘涛便拿起铁锹对环网柜周边的淤泥进行了清理，经过6小时不停地挖掘，终于开辟了一条抢修道路。

刘涛在配电室指导开展设备抢修

18时30分，在经过长达10

多个小时的抢修工作后，杲村顺利恢复供电。“终于可以休息一下了。”完成任务的刘涛长舒了一口气，拖着疲惫的身躯招呼队友们一起吃饭，原本热气腾腾的盒饭此时在雨水的浸泡下已经成了“汤泡饭”，而刘涛等抢修队员却在一片欢声笑语中大口大口地吃了起来。

截至7月27日，郑州公司牛砦所辖区内81条10千伏线路，832个台区，16万户居民，约60万人全部恢复供电。

在返回驻地的途中，刘涛拨通了妻子的电话，向家里简单地报了平安，分享了自己在这边收获的感动，询问了妻子产检的情况并叮嘱妻子注意好身体。此次援豫，即将成为“二胎”爸爸的刘涛心里最放不下的就是怀孕3个月的老婆和5岁的女儿。望向车窗外重新亮起的街灯，刘涛喃喃地说道，“等任务全部完成后，一定要回去吃碗长沙米粉。”

我专业，让我带着大家干

——记国网株洲供电公司运检部城配网运检专责丁頔

◎文／吴珊

丁頔，男，1986年7月出生，中共党员，现任国网株洲供电公司运检部城配网运检专责。

“公司派你担任副队长，马上准备行装去河南郑州，火速支援电力抢修。”7月23日，接到电话后的株洲公司运检部城配网运检专责丁頔，迅速到株洲电力调度大楼前与同事们会合，开赴战场。

暴雨无情人有情，风“豫”同舟渡艰险。7月20日河南多地出现特大暴雨天气，降雨量突破有气象记录以来的历史极值，致使河南境内多地发生严重内涝，时刻牵动着全国人民的心，也牵动着丁頔的心。坐在明黄色的抢修车上，看着车身鲜艳的“一方有难、八方支援”条幅，丁頔顿觉心中升起一股强烈的使命感，他以一名共产党员的责任与担当，充满信心地从湖南株洲出发。

自2010年从海军工程大学毕业参加工作以来，丁頔在株洲公司生产一线工作中自我磨砺，逐步成长为一名能够应对各种复杂变配电设备异常，并带头完成各项大型复杂检修作业的技术骨干和专家能手。2014年，参加省公司劳动（技能）竞赛获施工项目部（B组）变电专业全省个人第一名。他主持的群众科创、QC及技术监督项目多次在省公司获奖，并获国家专利1项，2018年被评为省公司劳模。

这次，他要带着他的“看家本领”去领着大家一起干，尽快恢复郑州的电力供应。

商讨制定郑州大学第一附属医院建一开闭所现场抢修方案——左一丁頔

香榭丽舍的“电医生”

7月24日，接到郑州电力抢修指挥部的指令，丁岨带领大家迅速前往香榭丽舍小区，投入紧张的电力抢修之中，这里1100余户居民已断电6天6夜。

作为副队长，丁岨负责株洲公司43名抢险突击队员的现场抢修组织工作，负责《抢修技术方案》的制订与决策。

“香榭丽舍小区配电间和开闭所都在地下低洼的地方，进水受潮非常严重。我们首先就要像医生一样进行全面的诊断，迅速诊断发现问题。”潮湿、闷热和散发着恶臭的环境里，面对的是千头万绪的现场作业。戴着眼镜的丁岨长得斯斯文文，他忙而不乱地指挥大家迅速进行现场勘察。

丁岨迅速摸清香榭丽舍小区居民用户的线路供带情况，立即组织开展对开闭所二段母线的耐压试验。通过对现场试验数据和现象的全面分析判断，以及源于对开关柜内部结构部件的检查，马上诊断出穿屏套管、支柱瓷瓶等关键绝缘件可能出现问题，并立即组织开展故障精确查找。以最短时间确定出30多处穿瓶套管内部击穿故障和支柱瓷瓶严重受潮等问题，为恢复抢修争取了时间。

在复电时间异常宝贵之时，利用丰富经验，丁岨迅速组织制订《抢修技术方案》，决定优先对套管进行更换，在物资备件不能马上到货的同时，组织人员立即对支柱瓷瓶进行酒精擦拭与干燥处理，多个技术方法多管齐下，既满足现场技术要求，更为抢修复电赢得了宝贵时间。

7月25日傍晚9时左右，香榭丽舍小区全部恢复供电，引来群众的一片欢呼和热烈的掌声。

抢修！支援“亚洲最大医院”

经过一个晚上的抽水，郑州大学第一附属医院地下车库的积水终于在7月27日中午1时排干，露出了原本被淹没的高压屏柜。

7月20日突如其来的暴雨，让这个亚洲规模最大的医院陷入停电状态。目前电力供应全靠外部发电机，自身供电系统仍在瘫痪中。

"26日下午5时，我们接到任务，开始为郑州大学第一附属医院抢修供电系统。"还来不及与香榭丽舍的居民们分享来电的喜悦，丁頔迅速进入医院开展抢修工作，这是一个更难啃的"硬骨头"。在这里，位于地下车库的16个高压屏柜全部淹没在积水中，只能先排水。

27日上午7时，大家正式进入现场工作。按照要求，他们必须快速抢修并恢复整个医院的供电。放在平常，这么大的工作量，最快也要一个星期，而现在，给他们的时间只有48个小时。

这是支援郑州多日来，株洲公司队员们接到的情况最复杂、工作最烦琐的一项任务。由于开闭所受灾严重，需要立即重建才能保证供电恢复，丁頔与属地设计单位进行对接，迅速制订《重建方案》。

拆除原来16个屏柜，再安装20个屏柜。现有的屏柜尺寸是80厘米宽，而需要更换的屏柜是65厘米宽。宽度不对应怎么办？凌晨1时，丁頔迅速转动大脑，回想起他曾搞过的几个大型变电站新建工程的经验，重新制订《重建方案》和《土建定位方案》，合理改动土建基础的施工，合理调整屏柜布局。根据现场12条电缆走向与接入长度，精准调整间隔布置，完美解决了工程实施难题，并连夜安排人员实施

向湖南应急救援队带队领导现场汇报香榭丽舍开闭所受灾情况——左二丁頔

土建改造，为第二天电气设备安装创造了条件，更赢得了时间，要拆除屏柜，必须先清除厚厚的淤泥，再将柜子里面的电缆、电缆线头全部拆除。而刚刚排干积水的地下车库，不仅闷热潮湿而且充斥着让人闻之欲呕的腐臭气味。在这种潮湿、恶劣的环境中进行电力作业，每一个步骤都要非常小心。

时间一分一秒过去。截至27日下午5时30分，16个屏柜的内部结构以及所有的铜排和电缆，均已被拆除完毕，接下来还要拆除整个屏柜外部。

“我们一定战胜困难，力争在规定时间内完成任务。”作为一名青年技术骨干，丁頔在关键时刻发扬出特别能吃苦、特别能战斗的工作作风打硬仗。作为一名抢修突击队副队长，他待人厚道，严格把控施工安全，管控检修质量，讨论技术方案，协调工程进度，以一名共产党员的责任与担当与同志们共奋进，为同志们鼓干劲，迎难而上。

一笑配网情

——记国网株洲天元供电公司配电工程班班长康乐

◎文 / 单纯

康乐，男，1974年10月出生，中共党员，现任国网株洲天元供电公司配电工程班班长。

7月22日临近下班，听说康乐报名去河南，支援郑州暴雨灾后的电力重建。我会心一笑，这就是我认识多年的康乐，这是他一定会做的事情。

康乐在国网株洲供电公司小有“名气”，因为他有黑黑的脸、嘿嘿的笑，因为他有乐天派的脾气、有招牌式的笑。在他27年的职业生涯里，他的笑，成了繁忙生产线上的快乐品牌，真真是“人如其名”。

年轻时候，大家都喜欢喊他“乐子”；后来，大家喊他“康班长”；这次去郑州，他得了一个新的名字——“康司令”。

说走就走的支援

国网株洲天元供电公司接到援郑指令的时候，从十多个报名的人里选择了康乐，主要原因是，他半生都给了配网，配网的一草一木、一动一静，他都了然于胸，熟稔如友。康乐当即开始着手出行前的准备，随行要带哪些必需的材料、工具等，就像一个老式账房先生，心里立马噼里啪啦打出一本账来。

郑州国际城市小区抢修前站队三交

一直到出发，我都没有见到康乐，就在微信里祝他顺利平安，并恳请发回照片并讲述故事。在微信里他照例嘿嘿一笑，答道“为人生增添一些阅历”。

忽然想起2008年冰灾期间配网抢修的一天，我追着康乐那个配电抢修班在雪地里跑了整整一天，写过一篇《追赶城东的线路维护人》。有一个他的笑是这么写

郑州大学第一附属医院抢修作业空档留影

的："乐子刚从雪地里走回来，兀自捧着一个饭盒，含了满嘴的饭，靠在五十铃的车门上，仰天大笑起来。他笑得那么尽情和纯真，洋溢着简单的快乐，其实他一宿未眠"。还有一句，用到现在也很适宜，"乐子的笑声很嗨，很淋漓。他太喜欢咧嘴笑了，似乎这世上没有什么可以难倒他、可以让他发愁的事"。

冰灾之后的13年中，从"乐子"到"康司令"，康乐配网线上的劳累看得见。满头青丝渐渐有些稀疏，最近他干脆理了一个短平头。一直说他是"不老的乐子"，本以为时间会放过乐天派的他，又觉得到底长年累月日晒雨淋，总归还是被打磨出一些沧桑感来。

其实在配网线上的康乐多有成长。他是个动手能力超强的人，他当年杆上作业的样子，至今都被同龄姐妹粉着。两年前第二次与康乐共事时，有人告诉我，他成"写手"了，不禁十分惊讶。原来，康乐作为配电工程班班长的同时兼任了配网项目部主任，管理天元区城农网配电建设项目。一个项目从诞生到落地，全程跟踪，既要担负起管理职责，又要参与现场施工。可用心经历过的，一定会在灵魂深处生成某些品质，让眼底心上透出诸如宽厚、平和的味道，或者年少起就拥有的不减反增的激情。

这次说走就走的支援，康乐带上的，还有两件心事。第一件是出发前爱人婷婷亲手仔细为他整理的行李箱，可她却迟迟不肯在家庭微信里回复一个笑脸。第二件是背上长出的一个大"包"，因为迎峰度夏工程、因为支援郑州，又推迟了手术日期。

23日，他们驰援900公里，到达高速郑州南站入口处。康乐发来了他们的合照，"一方有难、八方支援"的鲜艳横幅，在明黄色的抢修车身上熠熠生辉。

第一天啃下的"硬骨头"

7月24日，到达郑州的第一天。株洲公司46人的队伍，分成两支。康乐任二队队长，同行的小年轻干脆直呼他"康司令"。这天的指令是完成国际城市和香榭丽舍两个大型小区的抢修复电，任务是排查2个开闭所、5个公配房、15台公变的电气过水情况，以及相应的试验、调试、机构检查等工作。

香榭丽舍开闭所供电给这两个小区，分别有近5000户和1100户。暴雨之后，两个小区都已停电6天。配电房处在严重进水的地下室，电气设备受潮很厉害；因水汽造成空气绝缘等级下降，放电击穿了30多个套管和支持绝缘子，需彻底排查故障、清洗设备，给检修增加了很大难度，复电是个难啃的“硬骨头”。

从救援队进入现场作业之始，已承受数天停电之苦的居民就十分关注，他们想守住这支队伍，一直守到复电为止。“你们放心，小区不复电，我们不撤退！”救援队给予居民铿锵承诺。

然而兑现承诺却需要莫大的勇气和毅力。阴暗、潮湿、闷热、味儿大，面对地下室的种种“难言之隐”，怎么办？康乐带着队员，戴上口罩，借着风扇鼓吹来一丝丝新空气的间隙，憋一口气进入、轮流作业，差点被浓烈味道熏晕；浅色工作服被汗水一次次浸透，紧紧贴在背上。康乐大大咧咧说第一次尝到故事里“按图寻宝”的滋味，靠一个台区经理带路，靠手上的一张电气接线图，一点一点地在黑黑的地下室里寻找。

郑州大学第一附属医院建一开闭所全站更换设备作业中

每餐饭都是席地而坐、就地开餐，有时在施工现场，有时在街角，有时在墙墩。康乐乐天派的模样，总是被同伴捕捉到，拍下种种吃相传到群里，大家就笑话他像港片主角，其实他只是在墙边吃一碗没有佐菜的方便面，或者在街头拐角的地上吃一份番茄炒蛋。

他们的救援，居民们看在眼里，就悄悄地趁他们不注意，把矿泉水、西瓜和各样消暑食品硬塞进抢修车。小区的一名大姐几乎扑在后盖箱上，坚决不准他们卸；有的居民丢下食品就跑，快得连对方的脸都没看清。

24日晚，经过9个小时的连续抢修，国际城市小区4476户居民重见光明。当天夜里2时，香榭丽舍Ⅱ母设备所有线排拆除清洗完毕，所缺设备零件如数登记上报指挥中心。25日经过一天抢修，21时左右，失电6天的1100户香榭丽舍小区重见光明。两个大型小区的抢修复电工作持续了两天一夜！

而那些在暴雨之前还素不相识的居民，自发地来到亮堂堂的小区门口夹道欢送他们，围着他们鼓掌，久久不肯离开；居民众口一词地说着谢谢，似乎天底下只有这一个词语可以表达在他们之间默默流淌的情谊。有人在激动中喊起了“人民电业为人民”的口号，有人抹起了泪水，有人眼眶湿润。他们之间也许叫不出对方的名字，如果不是这场暴雨，他们也许不会相见，然而两天一夜的相处，温暖油然而生，笃定了一种责任、一种担当！一种初心、一种使命！

没想到更大的“boss”还在后面

26日，株洲救援队接到新的任务，用电力术语说是“完成建一所高压设备更换工作”，用生活语言说就是“完成郑州大学附属一医院（简称郑大附一）的抢修复电工作”，地点在郑州市城西二七区大学北路。此项工作的现场总负责是康乐。

郑大附一是亚洲最大的医院，这次暴雨造成全院停电至今，一直靠发电机、发电车以及援助户外医疗方舱维护运转，而医生生活住宅楼当时已停电7天。这里成为郑州市高度关注的地方。

27日，康乐和同伴们一早进驻现场，完成前期查勘、清淤和旧屏柜拆除等工作。当晚夜里，召开郑大附一抢修国网公司调度会。康乐说：“为郑大附一供电的是一级开闭所，位于医院地下车库负二楼，暴雨时被淹没至顶，需全站更换设备，比新建一个开闭所还难。而原来7天以上的工作量，现在只有两三天时间就要完成。”也因为这样巨大的工作量，国网公司、湖南省公司、河南省公司各级领导都前来现场指导。

28日晚，康乐接到通知，必须当晚完成医生生活区的复电，方案是搭通负二层开闭所与负三层电缆桥架之间的9个通道。那天本来请他语音介绍一下情况的，他隔着屏幕远远地发来一句：“上火了，嗓子哑了。”

29日，爱嘿嘿笑的、最能扛累的康乐用了一句比较文艺的话来形容：“这是漫长而辛苦的一天。”从早上7时开始到夜里11时，差不多连续16个小时，中间几乎没有怎么休息。

“负二和负三之间是400毫米厚的混凝土，要从屏柜里电缆出线处打下去，空间小，施展不开专业设备，全靠人力锤敲斧錾”“16块屏柜的开闭所拆除重建，几吨重的设备几乎全靠人力搬进搬出”。总负责人康乐在现场钻进钻出，嗓子变成鸭公味儿；从群里传回来的照片中，有人比对他进出现场的两张照片，衣裤上除了增加多处污渍，还有几处破烂。而群里传来的钻桥架、搬电缆、卸屏柜、打孔等视频，一队队整齐的红马甲，一声声响亮的“123——123——”的劳动号子、一双双青筋盘结的手，一个个沉默疲倦地走出地下室的身影，叫人如何不心生敬意！

“哪有那么多光辉！也没有什么特别，就是干就可以了。我们每个人都在尽力！”康乐还是笑，淡淡地说，最后本色不改又嘿嘿加上一句：“但行好事，莫问前程！”

可是，没有比普通人的纯粹更光辉的了！普通劳动者身上的责任感、智慧和品质里，矗立起令人仰望的人性的丰碑！我们不需要总是去捕捉“崇高、伟大”之类的词语，在他们身上，也能追索人性的光辉！他们的名字不会镌刻在新的“建一所”上，可是“建一所”的重生将镌刻进他们足以自豪的职业履历中！

想　家　了

“到达郑州的第一天，我的两个电话婷婷都没接，我知道她怪我报名时不和她商量，”康乐一辈子就服他这个很有个性的老婆，“第二天从抢修香榭丽舍开始，看到她在朋友圈里、抖音里开始发我们抢修的照片、视频、文章，我就知道，有戏了！嘿嘿！”接下来，他天天都见缝插针地与婷婷、与孩子微信、视频联系，“这样抢修才更安心啊。”这一趟，康乐与同伴们一起接受了好多面鲜艳的感谢锦旗。

“今晚（30日）郑大医院将送电！任务即将完成！”康乐咧嘴告诉大家好消息。

“想家了。”最后说起这句，隔着屏幕也能感到，他嘿嘿的笑里加入了好些沉静。

现在，我依然想用13年前抗冰保电期间写过康乐班的一段话来结束此文：

他们没有在崇山峻岭中攀爬，没有特别的群体关注，也没有耀眼的媒体追踪。但是在无数个城市与乡村的角落、在无数个断线与倒杆的现场，在无数双翘盼与张望的眼睛里，他们废寝忘食为了光明的目标是一样的！他们竭尽全力为了光明的目标是一样的！

相信我，无论是在冬夏还是春秋，无论是在株洲还是郑州，他们的付出都是那样的纯粹、那样的多！因为他们憔悴的心情是一样的，因为他们倾情付出的努力是一样的！

嘿嘿一乐，一笑配网情！

不忘初心带好头

——记湖南聚源实业集团有限公司配电分公司配电工程一班班长陈钢

◎文／戴宁

陈钢，男，汉族，1969年5月出生，中共党员，现任湖南聚源实业集团有限公司配电分公司配电工程一班班长。

“河南抢险救灾一线需要我们支持，需要赶紧召集班组成员组成抢修突击队。”7月22日下午4时，陈钢突然接到上级电话。他匆忙向家人说明情况，回家简单地打包行李，在公司食堂吃完简单的晚饭。下午6时，便和其他一起逆风出征河南救灾一线的同事们参加出征仪式，“风雨同舟，湘豫同心！加油！”大家庄严举起拳头，高喊口号。

主席家乡人“豫”你同行

“毛主席家乡人来支援我们了！”陈钢至今还记得，7月24日赶到第一个抢修任务点五龙怡景小区时，在得知他们是从湖南湘潭过来援豫的电力抢修队伍后，居民脸上洋溢着激动的神情。“听到这句话后我深知此次任务非同寻常，同时也更坚定了与河南人民共渡难关的信念。”

7月20日，河南省郑州市遭遇极端暴雨天气，昔日灯火辉煌的城市，如今很多地方因为供电故障一片漆黑，洪水肆虐后留下了厚厚的淤泥，此次援豫保电的工作任务中，国网湖南电力负责郑州城北片区小区电力恢复，计划在一周内完成152个

陈钢在查找河南省委党校电缆故障

小区的供电恢复，救援工作非常艰巨。

与南方不同，郑州地处华北平原，地势低平，此次受灾的小区大多因电力设施位置较低，遭水浸泡导致故障。五龙怡景小区配电间和地下车库处于同一层，配电间内位置不高的设备被水浸泡数天后，淤泥和水渍残留严重，要恢复供电按照以往的方式必须把设备一个个拆除下来逐一进行擦拭、除潮、烘干。

“居民们已经停电好几天了，烘干后也不知道设备还能不能正常工作，必须想方设法在最短时间内恢复供电。”

天黑了，小区仍未复电，看着漆黑的楼栋，前来询问抢修进度的居民，陈钢急在心里，也加快了抢修的步伐。经多次实地带领技术人员现场查勘，他一次次地进入满是淤泥的配电间，组织人员对设备进行处理及试验，制定了更换一台1250千伏安的干式变压器，暂时代替配电间工作的临时抢修工作方案，在经过35个小时的连续奋战后，中断了近5天供电的五龙怡景小区重新亮了起来，“感谢你们从毛主席的家乡来郑州帮助我们。”现场响起了居民经久不息的欢呼和感谢，看到居民自发送来的慰问物资中还有湖南人都爱吃的辣酱，陈钢不由地露出了欣慰的笑容。

电力抢修工作就是与时间赛跑，为尽快恢复供电，保障人民正常生活，他们常

陈钢在河南省委党校进行电缆试验

常顾不上吃饭，奔走在烈日寒风中。从2008年抗冰保电到2021年援豫保电，陈钢都冲锋在最前线，当问起是什么支撑他这些年坚持奋斗在一线时，“为人民服务嘛。”简单的几个字，透露出了陈钢作为一名共产党员无私奉献的为民情怀，这也是“毛主席家乡人”将人民至上的理念根植于血液中的真实写照。

“耐得烦”团队“豫”你并肩

“一定要耐得烦，仔细检查找准故障点。”7月26日一早，在恢复了五龙怡景小区供电后，陈钢和他所在的班组便来到了下一个任务点——河南省委党校。要恢复供电，需要对沿线3.9公里的电缆进行地毯式查勘，找到故障点后再“精准施策”。但在暴雨过后，残留的淤泥将电缆牢牢地包裹住，随着气温不断升高，散发出刺鼻的气味，严重影响现场查勘工作进度。为了在最短的时间内找准症结，当日下午陈钢就带着班组员工一共4人顶着夏日高温，带着专业设备对故障电缆进行“把脉问诊”。

刚到查勘现场，陈钢和同事们就已满头汗水，后背的衣服也基本都湿透，3.9公里在平日靠步行已是个不短的距离，拿着设备在满是淤泥的故障现场行走更是不易。而对于陈钢来说，这3.9公里是郑州人民从受灾走向新生活的必经之路，因此这段路更要“耐得烦”，同当地人民一起走好走稳。

电力故障查勘现场除了辛苦，还存在一定的风险。在查勘工作开始之前，陈钢组织抢修班组成员做好安全技术交底工作，要求他们严格按照标准进行检修，并做好相应的记录工作，保证查勘工作安全顺利进行。“看到名单时，我才知道自己是湘潭公司这次援豫保电队伍中年纪最大的，我除了要带好头，更要保证同事们的人身安全。”作为班长和“大哥”，陈钢在电力抢修中是技术核心，也是队员们的“主心骨”。

“没问题”团队“豫”你共心

“接到集结出征的电话时，我自己倒没什么顾虑，但我知道最近抢修队有些同事们家中有事，而且时间紧迫，完全不知道怎么开口。”但让陈钢没想到的是，电话一接通，简要地向班组同事说明情况后，每个人的回答都是“没问题”。

这次跟陈钢一起到河南抢修保电的班组同事，都是湖南聚源实业集团有限公司配电分公司配电工程一班的员工，大家一起共事已有五个年头。在平日的工作中，工作任务一经明确，陈钢和同事们便以最快的速度赶到工作岗位，在艰巨的工作任务和各种突发的特殊情况面前，大家说得最多的一句话也是“没问题”，简单的三个字却充满了力量，这三个字也成为陈钢所在班组特殊的一部分。

时间倒回到2010年，陈钢当时所在的班组负责省运会临时用电工程，时值一年最热的季节，由于工作任务重，时间紧迫，体育中心内不能进车辆，而敷设的电缆和分支箱装设的范围比较广，面对那些沉甸甸的电缆、分支箱等电力设备，看起来似乎是“不可能完成的任务”，陈钢只说了三个字“没问题”，说着便扛起了电力设备，发挥着一名共产党员应有的先锋模范作用，在他的带动下，同组的员工纷纷挽起袖子加班加点使用人工运输电力设备，硬是靠着他们的双手和肩膀，为省运会用电提供了可靠保障。

工作35年来，陈钢从学徒、工作负责人到班长，不论在哪个岗位都兢兢业业、埋头苦干，起到骨干的作用。作为一线班组长，又是党员，他的一举一动都会直接或间接影响整个班组的工作态度。此次援豫保电期间，哪里工作任务重，哪里就有他的身影。

“请党组织在保电抢修的战斗中考验我！”同行的年轻队员深受感染，纷纷向在抢险一线成立的国网湖南电力临时党支部提交了入党申请书，陈钢看到青年队员积极向党组织靠拢的场景，内心十分感动。陈钢多年来在一线的坚守也带领和感染了一批年轻的电力人，使扎实苦干、率先垂范等优秀品格在“你用电·我用心”的理念中不断传承、发光。

陈钢在河南省委党校中心配电间进行设备检查

当好后勤保供兵　助力援豫保电战

——记湖南聚源实业集团有限公司配电分公司物资班班长刘志明

◎文 / 刘定　夏洁

刘志明，男，1988年8月出生，群众，现任湖南聚源集团有限公司配电分公司物资班班长。

2021年7月22日下午15时58分，“河南灾后重建，急需组建一支突击队支援。”“物资班刘志明报名！”微信工作群里一则紧急招募通知刚一发出，瞬间就有人斩钉截铁地响应，没有丝毫犹豫。

风雨同舟，湘豫同心

刘志明，男，32岁，现任湖南聚源实业集团有限公司配电分公司物资班班长。曾当过两年野战兵的刘志明，在部队期间因表现突出，被评为“优秀士兵”。参加工作后，退伍不褪色，勇于担当，乐于奉献，哪里有需要就到哪里。吃苦耐劳，认真负责，再难的工作都能优质高效完成，曾获得“十佳标兵”“工会积极分子”等多项荣誉。

“风雨同舟，湘豫同心！”河南暴雨灾情牵动着全国人民的心。作为退伍军人的刘志明，随时都在等待驰援集结号吹响，就像当年在部队随时待命冲锋陷阵。

7月23日6时，刘志明入选国网湘潭供电公司驰援河南的电力抢修队伍，和其

刘志明连夜筹集河南省委党校抢修材料

他热血勇士一起集结出发，逆风出征。在驰援河南的7天里，担任了抗洪抢险期间防疫、材料物资的协调、供应、发放以及46人的后勤补给等多项重任的刘志明，在普罗旺世二期、五龙怡景小区、河南省委党校、河南工程技术学院等区域抢修恢复送电项目中，勇挑重担，不知疲倦地奋战在抢险前线，全天候值守现场、细致服务，保障了施工材料、工器具等物资需要和施工人员的需求，为打赢援豫保电攻坚战做出了杰出的贡献，用实际行动践行了“人民电业为人民”的企业宗旨，用汗水诠释了电网人的责任和担当，用出色业绩展现了伟人故里电力铁军的实力和形象。

国家有难，我愿舍小家顾大家

刘志明有两个孩子，大儿子正上幼儿园，上学、放学、上兴趣班均要接送；小儿子才满2岁，时时刻刻需要守护，平时都是他和妻子共同照顾。

“国家有难，我愿舍小家顾大家。”7月22日下午，刘志明主动请缨后，没来得及与妻子商量，也没顾得上安排家中事务，马上列出可能用到的各类施工仪器、材料物资、生活用品和药品清单，多方协调采购，连夜筹备齐全。

46人，8台各类抢修车辆，从洞庭之滨的湘潭到黄河之南的郑州，近千公里，16个小时的路途，吃喝住行，事无巨细，每件事都需要操心；车辆人员，时间安全，每样都需要落实。刘志明忙前跑后，沟通联系，确保7月23日23点车辆人员平安到达后，没做片刻休息，又根据现场抢修需求，马不停蹄地将带去的应急照明设备送到作业现场，及时保障了现场作业的顺利进行。

兵马未动，粮草先行。7月24日一大早，刘志明就开始联系仓库，清理分发物资，存放施工工器具。在随后的物资碰头会和现场查勘交底后发现，虽然前期和各单位都做了充分准备，但很多物资种类、数量、型号、规格和实际所需存在较大差距。刘志明马上制订物资供应方案，安排分工，分头行动，一方面摸底统计，积极向省公司汇报沟通，搭建高效反馈通道，报备需求计划；另一方面向兄弟单位请求调剂援助，做好车辆保障对接，确保物资配送及时到位。

关键站出来，危难豁出来

“关键站出来，危难豁出来。”7月24日11时，刘志明和东方红共产党员突击队员们一起，火速奔赴遭受暴雨停电四天的五龙怡景小区进行全面抢修。

现场实际情况比想象中糟糕很多，抢修恢复工作难上加难。小区的配电变压器因受潮无法工作。由于地下配电室洪水未退，空气湿度严重超标，受潮变压器在短时间内无法拆除，狭小的配电室无法加装新的设备。技术商讨后，抢修队员决定在小区外围增设一台1250千伏安的干式变压器。25日凌晨，刘志明和抢修队员们对现场进行了再次复勘，确定方案并上报了设备需求。临时电源恢复需要箱变、电缆及各种附件。“克服一切困难，也要让居民尽快恢复用电。”刘志明与省公司物资部反复协调物资调配；确认变压器组建进度、运输时间地点；盘点到货物资材料。在刘志明的积极组织协调下，抢修所需物料在当日13时多陆续到位，16时左右全部送达作业现场，为顺利进行抢修争取了宝贵的时间。

小区地下配电间和车库处于同一层，地势低，配电间内位置不高的设备已遭水泡，水才退，设备上的淤泥、水渍残留严重，必须把设备一个个拆除下来逐一进行擦拭、除潮、烘干。刘志明见缝插针守候现场，协助清理现场，搬抬工器具，配合查找和处理故障。

经过日夜连续奋战，25日22时，五龙怡景小区熄灭了6天的灯再次亮了起来，660余户居民的供电得以恢复。至此，从材料物资的联系准备开始，到小区恢复供电的近36小时，刘志明全过程值守现场，几乎未合眼。

当供电恢复，小区内响起经久不息的掌声与欢呼声；居民们在院内自发列队，一遍又一遍高呼“感谢湖南!”，小区所在区党支部书记连声道谢，并代表当地居民献上“电力使者 光明卫士”的锦旗。看到这一切，刘志明浑身的疲惫顿时烟消云散。

7月26日22时，得知河南省委党校配电间急需烘干机后，刘志明多方沟通联系、协调安排，最终在兄弟单位找到了匹配货源。他连夜从驻地出发，将烘干设备送至河南新党校中心配电间，并对中心配电间设备进行烘干，顺利保障了第二天的作业。

7月28日16时多，党校电缆故障处理过程中，急需大量的电缆和中间头。刘志明又一次不负众望，及时解决了供需不匹配的难题，促进了抢修节点的有序推进。

截至7月30日，刘志明先后为7个抢修作业现场保驾护航，均圆满地完成了各项任务。

向党员看齐，争取早日加入党组织

物资供给，后勤保障看似简单平凡，却十分繁琐枯燥，责任重大。一个细节未注意，一件事未落实到位，可能影响到某项或整体的工作进度、质量，对企业的形象造成损失。刘志明多年如一日，爱岗敬业，综合素质过硬，熟悉各个部门各个环节的工作流程，善于沟通，热情细致。他每天详细了解各方物资需求，跟踪运输配送进度，对抗洪救灾物资进行清理、库存盘点，合理高效分配、调剂使用；对送到的设备进行审核复查，确保符合现场需求，有力保障了抢修工作有条不紊、高效推进。

同时，为了保证抢修人员及时用好餐，刘志明每天准时地根据各区域不同阶段的工作时间、路途运输时间，提前准备好盒饭并送至作业现场，确保大家吃上新鲜

刘志明在河南省委党校抢修现场

饭菜；担心“湘”“豫”口味不适应，刘志明在当地购买了剁辣椒、腐乳、老干妈等下饭菜，确保抢修人员人人能吃饱吃好；换着品种，将盒饭、方便面、牛奶、火腿肠、饼干等送到每位加班人员手中。正值高温酷暑之季，骄阳似火，热浪逼人；洪水水位虽然已退，积水在烈日炙烤下散发出的水蒸气，让空气变得闷热黏糊；腐气丛生，工作环境真正处于“水深火热”之中。刘志明每天将防疫、医用、生活物资送到现场，并对工作点进行消毒，做好现场安全监督保障，防止参战人员中暑生病。

对工作高度认真负责，对同事无微不至，却忽略了家庭忘却了自己。刘志明妻子评价他说，丈夫是个非常有责任感、顾家的人，但更多的心思在工作上。“爸爸，你什么时候回来，我们好想你！”援豫一周以来，刘志明经常忙起来，忘记了时间，忘记了吃饭，忘记了给家里打电话；顾不上休息，顾不上洗澡，顾不上家人；工作服干了又湿，湿了又干。“虽然对家人千般挂念与不舍，但在国家有难时，我必须挺身而出，义无反顾，这是每名中国人的责任和义务，也是电网人的使命和担当！”

鲜艳的党旗高高飘扬在现场，党支部筑起坚强堡垒凝心聚力，共产党员以身作则，冲锋在前，刘志明深深地被吸引和感动。特别在防汛救灾第一线，刘志明耳闻目睹太多党员的先进事迹，感受认识更加深刻。在党组织的感召下，他在支援现场递交了入党申请书：我要向他们看齐，争取早日加入中国共产党，真正成为其中的一员，请党组织考验我！

抗洪抢险攻坚战中的“排头兵”

——记国网岳阳变电检修公司电气试验一班正手刘卓

◎文／谢丹青

刘卓，男，1997年3月出生，共青团员，现任国网岳阳变电检修公司电气试验一班正手、国网岳阳物资质量检测中心检测员。

“我自愿申请前往郑州支援！”7月22日中午，一条紧急通知出现在国网岳阳变电检修公司的工作群里，电气试验一班刘卓第一时间报名。目前，河南郑州灾情严重，电力供应已严重瘫痪，当地大部分百姓都面临无电可用的困境。“面对如此困境，现场人员需要付出大量的体力和精力，作为一名青年员工，我自愿加入变电检修‘电骆驼’党员突击队去支援郑州”。

当天刘卓正在湖北武汉市参加国网物资部开展的电网物资检测人员第一期培训，因郑州灾情原因导致多班高铁出现晚点，经过数小时等待，直到下午5时多才赶回岳阳。在宿舍简单收拾好行李后刘卓便立刻向郑州出发。“妈，我要去郑州支援了，我会注意安全的。你和爸在家也要照顾好自己”。刘卓在开往郑州支援的电力抢修车上给家人打了一个电话。当晚7时30分出发，奔赴700多公里路程，第二天凌晨5时到达目的地郑州。

刘卓和队友们在地下室趟水前行

宝剑锋从磨砺出

在本次“电骆驼”党员突击队各专业负责人中，他是年龄最小的一位，1997年出生的他参加工作也才刚满两年，凭借自己的努力成为本次驰援郑州的岳阳供电公司高压试验专业负责人。

自2019年7月进入公司工作后，他扎根一线，在主网设备方面专业技术表现突出，天天都在电力设备中摸爬滚打，与高压试验仪器打交道，掌握了电力一次设备缺陷快速准确诊断的好本领，工作两年以来已发现危急缺陷几十例，荣获市公司安全工作突出贡献个人奖。在公司，他也是出了名的阅读狂魔，一有时间就拿着专业书籍看，每次在试验现场一出试验数据结果，他总能在第一时间做出准确判断。

忙碌的工作之余，他还喜欢搞一些“小发明”，通过“小发明”解决工作中实际遇到的问题，他所申报的QC项目“绝缘手套和绝缘靴检测工具研发升级”获得过市公司优秀QC奖。

除了现场专业知识扎实外，他在仅仅5个月时间内就从物资检测“小白”到不

一定要让居民早一些用上电

折不扣的物资专业技术达人。2019年12月，他因物资专业技术能力突出，被国网湖南电力物资部推荐给国家电网有限公司物资部，作为物资专家参加2019年电网物资检测能力评价工作，成为第六评价组的一员。对新疆、宁夏、陕西、甘肃四省（自治区）的省物资检测中心进行评级工作，并获得国家电网有限公司物资部的肯定。

通宵达旦抢修，只为灯火通明

“全部楼下集合，出发去现场。”7月23日上午9时湖南岳阳供电公司抢险队队员刘卓接到了第一个工作任务，他立刻和队员们在楼下紧急集合赶往抢修地点。这次抢修地点为郑州市惠经区金山邑境配电站，该配电站因洪水引发故障导致停电，停电影响范围包括2500多户居民以及郑州市第三人民医院备供电。

到达抢修现场后，他立即对该地进行现场查勘，作为本次高压试验专业主要负责人，他及时根据现场实际情况提出本次试验方案，最大限度地提高了抢修任务效率。

为保证配电房内设备具有基本送电条件，抢修工作的第一件事就是清理脏污，保证设备干燥、干净。“好了，大家开始清理吧！”队长话音刚落下，他就拿着抹布第一个冲进配电房开始工作。同事见状便笑着说：“这小子，不愧是属牛的，今天就睡了4个小时，一到工作现场精力充沛得却跟头牛似的。”设备清污干燥工作完毕后，刘卓立即带着组员对每一台高压开关柜进行了断路器机械特性试验、回路电阻测量以及耐压试验，寻找故障原因并一一解决。所有故障于第二天凌晨3时全部排除完毕，4时35分送电成功。直到这一刻他才松了一口气笑着对身边同事说：“你看，那栋楼的灯终于亮了！”

作为一名电力员工，这是我的使命和责任

“同志，今天会来电吗？我们这里已经停电5天了，没电的生活太难了。”7月25日13时10分，当刘卓与队员们到达现场后，小区居民陆陆续续都汇聚了过来。此次抢修任务为郑州市城西供电部威尼斯10号箱，该箱变负责给郑州市威尼斯小区的

130多户居民供电，因此次暴雨原因，箱变发生故障导致小区停电已有5天之久。

“大家放心，我们就是给你们送电来了，今天一定让大家有电可用。”他立即组织队员们开始对设备进行检修试验，发挥高效作业精神，争分夺秒完成检修任务，只为让小区居民们能更早地恢复用电。

经过3个半小时的抢修，郑州市城西供电部威尼斯10号箱送电成功，断电多日的郑州市威尼斯小区恢复了正常供电。送电成功那一刻，居民都在说：“感谢你们湖南的同志们，湖南人真了不起！”正当抢修队伍准备离开时，道路两旁站满了鼓掌欢送的人群，鼓掌的人群中突然出现了一位小孩，左手捧鲜花，右手敬队礼，一边说着：“叔叔你们辛苦了，向你们敬礼，向你们学习！”一边给他和队员们送上了鲜花，此时此刻的场景就像是英雄们凯旋时的盛况。这个任务完成后，他便带领队员们马不停蹄地赶往下一个抢修现场，只为争分夺秒让更多小区能恢复供电，更多居民能恢复用电，将“人民电业为人民”的企业宗旨落实到实际中去。

以一个党员的标准严格要求自己

7月26日晚上22时2分，河南省委党校配电间需要抢修，勘察现场后，刘卓考虑到现场暂时不具备试验条件，与相关负责人协商后，决定第二天再进行检修试验工作。

由于目前疫情又开始严重，为保证队员们的安全，他每天最早起床，为队员们领取防护物资送到每个人手里，并为大家测温，督促队员戴好口罩，做好个人防护。

第二天一早，刘卓带领队员来到小区配电间，该配电间位于地下停车库，整个配电间都已被水所淹没，因此首要工作任务就是清除积水、烘干设备。由于地面积水严重，他穿上雨靴，拿上铲子一点一点将积水和淤泥清除干净。由于设备受潮严重，刘卓组织队员将上百米长的电缆放入地下车库中，为设备提供“暖气”。从地下车库出来，原本年轻帅气的小伙子经过一天的抢修后已然变成了一个“泥人”。

“是不是离你入党又更近了一步”，面对同事们的话语，他只是笑笑。同事们都知道刘卓一直以来都非常想加入中国共产党这个光荣的集体。他积极参与党史活动，在2021年国网岳阳供电公司党史知识竞赛中荣获一等奖。在这次驰援郑州抢险救灾一线，刘卓认真地写下了一份入党申请书。不畏高温酷暑、不畏恶劣环境，奔赴一线。他说：“到了现场才真正感受到郑州受灾这么严重，即使抢修任务再艰难，我们也会尽自己微薄之力，只为给居民尽快送电。”

愿河南省早日赢得这次抗洪抢险战役的胜利

目前，抗洪抢险已进入一个新的阶段，郑州市基本复工复产，绝大部分地区已经恢复正常供电。在刘卓及队员的努力下，郑州市多个小区已经恢复了正常供电，河南省其他地级市的洪涝灾害也都得到了相应的控制。

刘卓相信，在党中央的领导指挥下，在中华民族的团结互助下，河南人民必定会赢得抗洪抢险这一场战役的胜利！

当地少先队员为刘卓等人送上鲜花

为中原大地点亮万家灯火

——记国网岳阳开发区供电支公司康王供电所配电运维工作负责人易岚

◎文 / 李欣宇　余文君

易岚，男，1988年8月出生，现任国网岳阳开发区供电支公司康王供电所配电运维工作负责人。

2021年7月20日，暴雨突袭河南，郑州瞬间一片汪洋。灾情举国关注，也牵动着岳阳电力人的心。

“我有10年的配电抢修经验，请允许我去郑州支援！”7月22日，国网岳阳开发区供电支公司康王供电所配电运维工作负责人易岚主动请缨。考虑到易岚工作经验丰富，且富有责任心，公司党委批准了他的请求。当晚7时，易岚与电缆班班长王勇等同事们一道，星夜马不停蹄赶往郑州。

战斗，就此打响。

驰援郑州保供电

23日凌晨5时，易岚一行终于到达郑州，途中开车近10小时。

当看到眼前的一幕时，易岚被深深的触痛了。车辆杂乱无章地停放着，地上全是污泥和积水，交通信号灯和路灯全部呈现熄灭状态，整个城市一片暗淡。

顾不上休整，易岚的脑子里想的全是如何尽快恢复供电。上午10时，他和队友

易岚正在对设备进行检查

们接到了第一个紧急抢修任务，前往惠济区金山邑境配电站进行抢修。因金山邑境开闭所跳闸，出现设备故障，影响城北多家单位的正常供电，其中包括3个小区和郑州市第三人民医院北院区，复电迫在眉睫。

说干就干！易岚和队友们迅速出动，11时赶到现场，并与郑州市供电公司完成现场交底，摸清了设备受灾情况。因暴雨导致设备泡水严重，抢修难度较大。他们妥善分工，进行验电、耐压试验、绝缘试验、检查二次回路……时间一分一秒过去，炎热的天气加高强度的工作，令他们汗流浃背，工作服早已被汗水浸湿，可他们不敢有一丝懈怠。经过17个小时不眠不休地抢修后，终于在24日凌晨4时35分送电成功，多家单位和近2500户居民恢复正常用电。

看着小区里的灯一盏接一盏地亮起，易岚终于长长地舒了一口气。“小同志，辛苦了！快喝点水吧！”当地居民为表感谢，递来了两瓶矿泉水。这时，易岚才觉口渴，一口气咕咚咕咚喝掉一瓶。

休整不到5个小时，第二个抢修任务，接踵而至。24日11时许，易岚所在的支援队接国网湖南电力救援指挥部指令，对郑州市郑上路16号院变压器进行检查与测试，湖南、郑州两地的抢修队员一起查勘与交底，并同期准备好抢修设备与材料。经过检查、除湿、擦拭和试验，当天下午3时55分，设备具备受电条件，正常供电。该箱变已停电4天，郑州市郑上路16号院300多户居民在停电一周后终于恢复了正常用电。

攻克一道又一道“难关”

两天，连续攻克两道“难关”，易岚倍感欣慰。同时，他也积累了更多的工作经验。坚守郑州，他干劲更足了。

“郑州威尼斯水城小区变压器损坏，停电五天了，请你们火速前去支援！”7月25日10时，易岚接到了第三个抢修任务。13时45分，岳阳、郑州两地的抢修人员现场完成交底。14时55分，由易岚担任工作负责人，经过检查发现，隔离挡板放电，高压保险熔管被烧坏。16时52分，完成擦拭设备、除湿、更换挡板及高压保险融管等工作后，送电成功，恢复正常供电。

“叔叔你们辛苦了，向你们学习！向你们致敬！”一位戴着红领巾的小男孩向包括易岚在内的抢修人员敬了一个队礼，并送上了一束鲜花，小区的居民也纷纷鼓掌表示感谢。

接过鲜花，易岚的心里暖暖的。他心里明白，驰援还未结束，抢修仍在继续，还有许多小区居民亟盼用电，绝对不能松懈。

“7月25日晚，工作到晚上11时，为2000多户居民恢复供电……”易岚在笔记本上记录下了每一天的工作轨迹。他和另一名队友保持着8小时轮班工作强度，全力以赴地奔忙在一个又一个小区。

在他们眼里，已经没有白天黑夜，只要接到指令，随时准备出发。26日，是江山名居小区800户居民停电的第5天。易岚和队友们于上午11时到达现场抢修，在奋战了2个多小时后，为小区盼电居民送上了电。

洪灾不仅令居民生活用电受影响，工厂生产用电也遭到了严重破坏。26日13时50分，易岚和队友们接到抢修指令：郑州纺织厂一台变压器无法正常工作，影响生产。他们马不停蹄地赶到纺织厂抢修，于15时10分圆满完成任务。

26日20时5分，易岚和队友们再接抢修指令：文苑花园小区已停电6天，涉及

易岚和队员们在为村民检修电路

3000多用户。抵达现场后，易岚发现情况很严重，配电房里一片狼藉，4台变电器全部被淹，现场到处是污泥和积水。

“这是我到郑州后，碰到的最大的一个难题。”易岚说，主要是设备泡水情况太严重了，烘干后不一定能修好，如果修不好只能报废。

要想抢修，第一步是排水。排完水后，易岚和队友们对配电房进行了清扫。一直工作到27日下午两三点，才把卫生搞完。接下来是烘干设备，因为要保证受热均匀，需不停地挪动烘干机，而且怕线路带不起导致起火，这些都需要格外注意，保持十二分警惕。烘干后，设备还要冷却2小时，才能使用仪器仪表进行检测。目前，设备已完成冷却，正在进行检修。

截至7月28日，天伦开元城、郑州市第三人民医院、郑上路16号院、威尼斯水城小区、棉纺路小区、江山名居小区、纺织厂工业区、文苑花园小区等地共有5809户居民及商户恢复用电。

在前线写下入党申请书

易岚今年33岁，父亲也是电力系统的职工。从小，父亲爱岗敬业的形象，就在易岚的心里深深地刻下了烙印。23岁那年，他毫不犹豫地选择了这一行，成为了一名电力人。

工作中，他胆大心细，不畏难，能吃苦，解决问题的能力很强；生活中，他性格开朗，平易近人，与同事关系很融洽。多年来，他一直努力向党组织靠拢，渴望加入党组织，成为一名光荣的共产党员。

尤其是这次河南暴雨，来自国网湖南电力东方红（电骆驼）共产党员突击队300余名保电人员分批次集结，驰援河南支援。在电力抢修的过程中，共产党员的优良作风和奉献精神，令易岚深受感染。

7月28日，易岚怀着无比激动的心情，向党组织郑重递交了自己的入党申请书。在申请书里，他这样写道：“通宵达旦，不敢休息。这是国家与人民赋予我们的力量。我决心用自己的实际行动接受党组织对我的考验，请党组织接受我的申请。”

写下这封入党申请书时，已是深夜。小区里，仍有灯光不灭。那一刻，他想起了自己刚来郑州时的场景。“为人们带去光明”是他的初心，何尝不是100年前共产党人的初心呢？

支援郑州，易岚的家人都很支持。当然，妻子和女儿也免不了会有担心。有时候，女儿会在电话里稚气地问道：“爸爸你什么时候回来呀？”

易岚总是笑着说，“快了快了，等这里不再需要爸爸了，爸爸就回来。”

“盐”值哥的担当

——记国网常德供电公司汉寿分公司配电部主任张睿

◎文 / 易长龙

张睿，男，汉族，1989年10月出生，中共党员，担任国网常德供电公司配网部配网运行管理专责（现挂职于国网汉寿供电公司配网部主任）。

7月17日以来的河南中北部暴雨牵动着全国人民的心，郑州城区局部降雨量更是达到600毫米以上。正在湖南省电力有限公司技培中心给新员工上课的张睿不时地用手机刷新着灾情数据。他的心也随着各种媒体上的受灾视频而揪得紧紧的。

我要参战！

7月22日，国网湖南电力决定在第一批次13人小队的基础上再组织人员驰援郑州，协助进行供电设施抢修。

“我要参战！我要参战！”刚刚上完课从长沙返回常德的张睿，第一时间向组织主动请战。

23日，收拾行装，清理好抢修必备的工具，张睿便马不停蹄地登上了前往郑州的抢修车队。

因为在新闻中看到郑州的灾情很严重，已经做好了每天啃方便面、住帐篷的心

抓紧制定碧沙岗公园箱变抢修方案

理准备。但刚进许昌，他就被“胡辣汤”的热情感动了。

当天19时30分途经许昌禹州服务区时，高速公路服务区的餐厅工作人员已经下班。但听到一袭工装的电网人员是从常德驰援郑州的，餐厅厨师和工作人员主动为张睿他们免费做了热气腾腾的大碗面。

一路上，到处可见被水冲毁的公路、倾倒的电力设施。老乡的热情、灾情的严峻，张睿更感觉到了肩上责任的重大。他不停地和前期到达的同仁们进行信息交流。

绝不让受灾的群众继续摸黑过夜

7月24日早上7时，到达河南的第一个早上，张睿作为工作负责人，领到了当天的工作任务，负责对西环温馨家园阳光小区供电线路进行抢修。

踩着还未完全消退的积水，张睿和同事们在郑州供电公司同仁的带领下迅速赶到现场。简单交接现场情况后，郑州公司同仁又赶往其他地方。张睿和同事们只能根据物业提供的图纸按图索骥。

通过对故障的预判，张睿利用自己过硬的专业知识，让大家兵分三路开展工作。一路对重点怀疑的电缆分段进行绝缘电阻试验、耐压试验，对室内浸水设备进行检查，他自己则穿过出现塌方的户外电缆柜进行排查。

为了确保送电万无一失，每条线路的接线方式张睿都自己去核对。经过多次与郑州公司运维人员电话沟通复电方案，最后张睿和他的同事仅仅用了3个多小时就把原计划需要20个小时的故障排查工作完成了。

“绝不让受灾的群众继续摸黑过夜”。

完成这个小区的送电，张睿和同事们又立即赶往下一个抢修点。7月25日凌晨2时48分，在超过19小时的连续作业后，随着温馨家园、湖新园等小区灯光时隔4天后相继再次亮起，标志着国网常德供电公司驰援河南首个工作日成功为3500余户居民送上电。当天张睿的“微信运动”记录步行25391步，徒步20多公里。

郑州风和日丽小区住户送来锦旗致谢

“盐”值哥的担当

“只要还有老百姓没电用，我就不能休息”。

在郑州的一个星期，张睿每天的休息都不到6个小时。25日，他连续工作19小时，到凌晨3时多才回宾馆休息，结果早上7时队长李炜又看到了张睿的身影。他主动要求分配任务。

当天张睿负责的工作任务是风和日丽小区低压抢修工作，这个小区从7月20日开始就一直是停电状态，300多户居民的生活受到严重影响。

经过仔细查找，发现是小区60号楼的5楼低压母排出现短路情况，组织故障处理后，在进行绝缘电阻试验时，绝缘电阻还是不合格。复查发现，原来有居民在房顶种菜，大雨导致天台泥水顺着入户铜线排而下，导致多个接头处短路烧坏。

为尽快复电，张睿将人员分成多组，通过对讲机在不同楼层同步开展抢修。拧螺丝、撬铜排，安装、清洁，有的器件还要自行制作。

狭小闷热的楼栋电井里，张睿身上的工作服湿了又干、干了又湿，蒸干的汗水随着工作挎包在他衣服上留下了一条长长的盐渍，同事们都笑着叫他“‘盐’

值哥”。

“我们‘电骡子’带盐出名，今天我们要继续为‘电骡子’代言！”在东方红（电骡子）共产党员服务队的队旗下，张睿非常的坚决。

已经几天没电了，小区的老百姓也很急。张睿一边开展工作，一边对围观的老百姓进行安抚，告知他们会尽最大的努力尽快恢复供电。

小区的老百姓听说张睿他们是从湖南过来支援的，悄悄地买来水和西瓜送到了工地上。

“我们还有水和食物，还能够再撑几天，你们先回去休息吧。工作一整天了不容易！”。到了晚上11点钟，看大家都工作了十多个小时，很多百姓都恳请张睿他们回去休息。

“既然今天我们来这里抢修了，只要没有送电，我们是坚决不会回去的！”张睿没有丝毫犹豫。为了让其他队员们都能休息好，除了留下开车的师傅和安监，张睿要其他队员都回去了，他继续着收尾送电工作。

“这孩子咋这么倔呢？中！”

烈日炎炎之下制定西环温馨家园阳光小区1.2抢修方案

在仔细核对接线方式和状态后，属地负责人向调度申请送电。啪！ 2时30分，随着开关合下的碰撞声，小区的灯全部亮了起来。

随着耳边不断传来的群众欢呼声，刚上车的张睿很快便打起了呼噜。

7月27日中午，家住郑州市风和日丽4期小区的4名业主，步行找到了张睿和同事们的暂住处，将一面印有“电力抢险为人民、保驾护航展风采”的锦旗送到大家手中。

“豫艰险，湘前行！”这是一名“电骡子”“盐”值哥的担当。

抗洪保电中的“守护者”

——记国网常德供电公司输配电安全监察专责刘伟民

◎文／易长龙　刘伟民

刘伟民，男，1993年3月出生，预备党员，现任国网常德供电公司安监部输配电安全监察专责。

郑州大雨，电力设施受损严重，几百个小区不能复电，亟须支援！

接到通知后，国网常德供电公司输配电安全监察专责、预备党员刘伟民率先响应报名。

“出去保电家庭方面没有问题吧？身体吃不吃得消？”安监支部书记问到。

“没问题，只要组织需要，时刻准备着！”面对组织的召唤，“90后”的他非常坚定地回答！

兵马未动，粮草先行。22日，当天收到通知已到下午5时，而第二天早上8时就要出发赶往灾区，乘着这个时间，刘伟民对各种工具进行了检查，还快马加鞭为出征队员们准备了100套工作服、50顶工作帽。

在哪里，安全都不能忘记

7月24日，援豫服务队接到天河路五所雨后试验和温馨家园阳光小区送电两个工作任务。工作任务较重，而属地供电公司的人员早就已经超负荷工作了，难以抽出运维人员陪同勘察和现场操作许可工作。

在进行天河路五所雨后试验工作时，因需要对全所的断路器和接地刀闸进行操作，操作量较大，运维人员短时间内难以赶到现场配合工作，现场人员想要自行操作设备，作为随队的同进同出安全监督人员，刘伟民立即进行制止，“虽然我们是来进行应急救援的，但是在哪里都不能忘记我们的安全规定！”

说完，他立即同属地公司进行沟通，并请示指挥部，督促属地公司的设备主人尽快赶到现场操作，完成工作许可。

“阳光小区的现场也十分复杂，这边完工了你就赶紧过去，做好安全把关！”服务队带队领导如是说到。

温馨家园阳光小区的情况更为复杂，该处停电范围广，共涉及10个小区，且现场接线较为复杂，涉及的开闭所、环网柜等就有6个，安全措施设置方面存在较大难度。来不及休整，刘伟民立即参与现场方案制定和工作票会审工作。

下午17时，故障点已全部排查完毕，全部检测工作均已完成，但当合上郑上二所5板断路器时，马上又跳闸了。

此时队员们因为对设备不熟悉，都不知道是哪里出了问题，需要对郑上二所5

7月25日凌晨 刘伟民和队友们在郑州市温馨家园小区借助电筒灯光制定复电方案

板至建设九柜1板间的电缆进行耐压试验。

计划赶不上变化，此工作并没有在原先的票卡工作内容中，此时刘伟民意识到此项工作过于复杂，且周围多台发电机的声音正在轰鸣，存在较大反送电可能，一旦安措布置不到位，则极易出现安全事件，他带着队员们反复对现场进行重新勘察，反复核对图纸，并与现场比对，终于拿出合适的工作方案。

当晚，完成郑上二所板断路器送电，共10个小区，3500户居民重新用上了电。

你们不来电，我们不撤离

7月25日中午，援豫共产党员服务队接到应急指挥部工作任务，要求对公园2号配变、晶华城、风和日丽佳园三个小区进行抢修。

服务队随即分三队开展工作，刘伟民负责带队组织对晶华城9栋低压配电设施进行抢修，并于当日下午5时完成送电。

傍晚18时许，风和日丽抢修队报告检修任务重，现有人员难以完成，需要人员支援，刘伟民随即带队加入抢修队伍。

现场检修任务异常复杂。由于楼顶住户种菜，大雨导致天台泥水顺着入户铜排流下，泥水灌满了整个电缆井，铜排及入户接头均被泥沙泡着，多个接头处短路烧毁，而该栋每两层一个入户点，这栋楼高34层，意味着要对共17个点进行排查检修。

此时该小区除第60栋外均已送电，只有该栋楼132户居民尚未恢复。已是傍晚，看着周围楼栋全部来电，已经停电6天的居民更为焦急。很多老百姓眼巴巴地守在旁边。刘伟民和同事们开始分组分层对电缆井里的泥沙进行清洗检查。

电缆井里空间狭小，操作不便。汗水加泥水，刘伟民和同事们一个个都变成了大花脸。入夜后，头灯灯光引来了蚊子，不时地给大家打“提神针”。

看到大家这么辛苦，围观的居民们为大家送来了饮用水、绿豆汤，还劝大家回去休息，等白天了再来抢修。

“我们远道而来就是为了恢复送电来的，请你们放心，今天你们不来电，我们不撤离！”刘伟民的回答斩钉截铁。

26日凌晨2时30分，所有故障点全部处理完毕。随着“啪”的合闸声，整栋楼

开展省委党校检修方案会审

的灯光亮了起来。“来电了！来电了！”等待良久的小朋友们欢呼了起来。

26日中午，风和日丽小区的4名业主找到服务队的暂住地，将一面印有“电力抢险为人民 保驾护航展风采”的锦旗送到刘伟民和同事们的手中，并连声致谢：“谢谢湖南的‘电骡子’兄弟们！谢谢！”

向前是责任，向后是温暖

“你在外面好好工作，也算是帮我们为河南人民出了一把力。家里的活儿就由我来替你当监工”，吃完午餐的刘伟民与家人视频时，他的爱人说道。抵达郑州后，便是连续两天抢修到凌晨，回到驻地，家人早已熟睡，每天只有吃饭时短暂的休息时间可以体会家的温暖。

今年6月，他才刚刚领证结婚，新婚燕尔，本是如胶似漆的时光，两个人的婚房也正在收尾阶段。离开了温暖的家，相隔千里，但地域却阻隔不了小两口的浪漫。

指导天河五所工作票填写

“好嘞，亲爱的，我现在得赶快补会儿觉，等会儿还有工作任务呢！现场的监工那可是我的责任！”每次聊天，都聊不上几句，刘伟民就挂断了电话。

“这次来，家里人也很支持我，我工作时他们都不会打电话给我，怕影响我工作！”。

经过4天连续不断的奋斗，服务队共出动126人次，36车次，进行了7场抢修，为15个小区，3600余户居民恢复了送电。整个抢修工作中，刘伟民严格把控现场安全，严守生产秩序和抢险期间的安全管控规定，扎实做好现场安措，切实保障了现场安全。

坚守援豫一线　筑牢灾后抢修“安全网”

——记国网娄底供电公司安全监察部（保卫部）副主任（主持工作）吴乐鹏

◎文 / 李铭明

吴乐鹏，男，汉族，1987年9月出生，中共党员，现任国网娄底供电公司安监部副主任（主持工作）。

近日，河南省遭遇极端强降雨，大部分地区出现暴雨、大暴雨，导致部分地区发生城市内涝、泥石流和山体滑坡等自然灾害，尤其是郑州市降水强度历史罕见，人民生命财产和电力设施都受到严重威胁。

一方有难，八方支援。国网娄底供电公司党委积极响应国网湖南电力党委驰援河南的号召，抽调精兵强将支援河南灾后抢修，作为党员的吴乐鹏毫不犹豫报了名，和突击队一起紧急奔赴河南郑州，严格开展灾后抢修现场安全管控，筑牢灾后抢修“安全网”。

人民需要我，我就要挺在前

河南的灾情牵动着全国人民的心。7月22日，娄底公司组建驰援郑州的东方红（电骏马）共产党员突击队。下午，吴乐鹏接到公司领导电话，他坚决地说：“我是一名共产党员，人民需要我，我就要挺在前”。

7月，正是孩子放暑假的时候，家里有两个可爱的孩子，经常加班不回家的他，

7月28日　吴乐鹏对突击队抢修人员进行安全事项提醒（左一）

也想利用暑假的时间在家多陪陪孩子。他打电话跟妻子说明情况，同为党员的妻子也非常支持他前往郑州支援灾后抢修的决定。

接到出发命令后，吴乐鹏迅速回家跟妻子和孩子吃了顿晚饭，妻子早已为其收拾好行李，并反反复复叮嘱安全事宜，同时还给予他一些工作上的建议。此时他深刻感受到了，家有贤妻，万事不难的幸福感。

灾后抢修，必须保障好队友们的安全。回到单位，吴乐鹏就开始准备物资、设备和安全工器具。他到中心仓库领取了刚到货的27台有毒气体检测仪，从应急仓库调出10台对讲机、40个手电筒，从娄底变电检修公司临时借用了10副接地线、10支验电器、10双绝缘手套、20个防毒面具、20双绝缘靴，把所有物资清点完毕，已经是晚上11时多。

7月23日上午8时，51名驰援队员集结后，踏上了援豫的征程。经过13个小时的长途奔袭，晚上9时驰援队到达郑州。娄底公司党员编入了湖南电力支援河南抗洪保电第7党支部，共16名党员，吴乐鹏担任组织委员。晚上11时，临时党支部成立大会召开，吴乐鹏和党员们一起重温入党誓词，并庄严承诺：随时做好“战斗”准备，全力投入郑州灾后抢修工作。

7月28日 吴乐鹏与抢修队员们一起加油鼓劲（右三）

抢修一线，他是严格安全“把关员”

现场安全管控不能有丝毫放松！作为娄底公司安监部的副主任，他深知现场抢修安全管控工作的重要性，时刻注意把平时安全工作中严格认真的工作作风带到灾后抢修现场。

7月24日上午，吴乐鹏将安全工器具等物资分发到6个抢修小组，接到第一个工作任务后，他严格按照安全管理要求，对现场查勘、布置安措等全过程进行安全监督，并及时报送现场“三图一位”到省公司安全监督群，每一个环节都认真负责。通过连续6个小时的不间断作业，下午1时45分，已停电多天的1500多户居民全部恢复送电！

“近期，抢修任务重，作业面广，每个作业地点务必两端都装设接地线，装设接地前要戴绝缘手套验电；登杆前检查杆根杆基，核对设备双重名称，杆上作业打好双保险。”在10千伏宏4板新兴东北线1号电杆倾斜抢修现场，吴乐鹏顶着炎炎烈日到现场进行安全监督，严格督促现场作业人员时刻注意安全。抢修进行多久，他

7月28日 吴乐鹏在花29板花机线排查隐患

就在现场坚守多久，抢修进行到深夜，他就把关到深夜。

7月28日上午8时，吴乐鹏组织召开了日例会，会上传达了省公司总经理明煦强调的“在抢修过程中务必牢固树立‘三天’‘四最’安全理念，刚性执行‘五防五禁止’，严格做到安全责任不清楚的不抢修，抢修现场情况不明的不抢修，安全组织技术措施未落实的不抢修，严格落实抢修不停，稽查不止”等刚性要求，提醒突击队队员不触红线、底线，有力保障作业现场的安全。

无惧艰苦，他总是第一个冲上去

抢修现场条件异常艰苦，吴乐鹏经常在高温酷暑下连续奋战10多个小时，为保障居民第一时间用上可靠用电坚持工作到凌晨三四时，有时候顾不上吃口饭、喝口水，累了就只是在地上躺着休息会，便继续投入紧张的抢修工作。

7月27日早上8时51分，省公司指挥部在微信群派发了两个任务，吴乐鹏立即向娄底公司突击队队长阳斌报告，经同意后，向指挥部报告并成功接到了这两项任

7月28日上午　吴乐鹏在花29板花机线排查隐患

务。接到任务后，吴乐鹏带领一组人员，立即赶到金水路59号院开展抢修。该小区已经停电7天，抢修条件复杂，故障隐患点多。在没有接线图纸的情况下，吴乐鹏凭借多年的工作经验，严谨细致地检查现场的接线方式，指导突击队队员测量各回路接地电阻，精准分析出是因线路老化，导线表皮和接头部分绝缘胶布受洪水浸泡，导致故障停电。他建议逐相逐户进行试送，突击队队员合上A相空气开关，验明有电，合上一楼用户开关，房间里面就传来喜悦又激动的声音“来电了”。上午10时45分，小区全部送电成功，该小区居民主动要求一起合影留念，并录制了“河南加油”的小视频。

7月27日下午14时50分，接到省公司通知，由娄底公司组织开展花29板花机线故障查找，吴乐鹏又主动承担任务，立即带队到现场开展查勘，细致检查线路的每一处缺陷，直到晚上11时30分该线路的缺陷清单、抢修需要的工器具及材料、抢修工作票等准备工作全部就绪。

28日上午，吴乐鹏带领24名突击队队员前往花29板花机线故障现场。由于工作任务重，加之气象台发布了暴雨黄色预警，吴乐鹏把东方红（电骏马)共产党员突击队的旗帜插在施工现场，要求抢修人员中午不休息，就地吃盒饭，力争最快完成抢修作业。在24名抢修队员的共同努力下，下午17时28分，最后一组接地线拆除，线路恢复供电。为了感谢娄底公司抢修人员的驰援，郑州市城北供电部的领导极力邀请吴乐鹏等突击队队员到单位吃晚饭，但他严守工作纪律，不给兄弟单位添麻烦，婉言拒绝了邀请，回到统一安排的河南电力技培学校食堂吃晚饭。

在郑州灾后抢修一线，吴乐鹏把恢复供电当成第一要务，坚持“电不送上，绝不休息”的原则，充分发扬党员先锋模范作用，不怕苦、不喊累，始终战斗在条件艰苦的灾后抢修一线，获得了灾区人民的点赞肯定。截至目前，娄底公司援豫突击队完成了抢修任务11个，吴乐鹏全过程监督了8个抢修现场，为郑州市5200余户居民恢复用电，确保了作业现场的安全。

援豫电网卫士

——记国网娄底供电公司运维检修部副主任谭韬

◎文 / 杨妍璨　朱双桥

谭韬，男，1984年7月出生，中共党员，现任国网娄底供电公司运维检修部副主任。

2021年7月，河南遭遇历史罕见特大暴雨，人民生命财产和电力基础设施遭到严重破坏。一方有难，八方驰援。国网娄底供电公司第一时间组建抗洪保电分队驰援河南郑州，开展灾后抢修复电工作。

主动请缨，勇当驰援“排头兵”

“我报名！”7月22日下午，得知公司将组建抗洪保电分队支援郑州时，谭韬坚定地说出了这短促有力的三个字，他第一时间主动请缨前往河南郑州进行支援。

自河南特大暴雨灾害发生以来，谭韬一直都在默默关注着郑州的受灾情况。当得到公司领导的批准后，他深感责任重大和无比光荣，立即全身心投入到抢修队伍组建的工作中去。

队伍组建工作复杂，时间又紧迫，但谭韬凭借着对公司配电运检专业的熟悉了解，思路清晰地完成每一项准备工作：建立保电抢修指挥团队、制定抢修队伍组建

7月27日 谭韬在与突击队队员商讨抢修方案（右一）

方案、联系各单位抽调人员、调配车辆、准备工器具和抢修物资等，直到凌晨1时所有前期准备基本完成时，咕噜噜响的肚子才让他想起自己没吃晚餐。

23日早上8时，这支搭配合理、专业技能扎实、工作经验丰富、装备物资充盈的抗洪保电分队完成集结，千里驰援奔赴郑州。

必须和时间赛跑！谭韬丝毫不放过一分一秒，在前往郑州途中，不断优化保电抢修组织方案，通过将分队人员分为抢修、试验、工具材料管理3个小组，制定抢修资料归档、物资材料出入库相关流程，最大限度地提高工作效率，确保现场抢修作业能够安全高效开展。

冲锋实干，高效指挥“突击队”

谭韬的工作是负责抢修组织。人员、工器具的配备，虽然能独立完成配网常见抢修、施工，但随时会下达的任务要求他们迅速响应、持续作战。在尽量避免人员疲劳作业，确保安全的前提下，如何高效调动队员，按时保质保量完成任务，是“突击队”需要解决的最大问题，也是谭韬面临的最大挑战。

保电分队51名队员，其中管理人员6名，包括领队、安监、指挥调度、后勤管理等；45名生产人员来自各县支公司和星源集团，包括40名线路、架空、站房等设备施工人员，4名试验、继保人员以及1名设计人员。配备了7台生产车辆和2台生活用车、全套的架空线路和电缆施工机具，以及抢修相关的必要材料。

每接到一项抢修任务，谭韬都会对任务进行预判，安排合适的人员；根据工作查勘结果，制订合理的抢修施工方案；抢修过程中，对全过程开展管控，确保抢修作业安全高效开展；抢修结束后，对抢修情况进行总结，与运维单位交接。

在谭韬的指挥下，公司保电分队保持高效运转，完成抢修任务数量在省公司7支抗洪保电分队中名列前茅。保电期间，谭韬整日在抢修现场、省公司前线指挥部、郑州公司城西、城北供电部间奔波，每天7时出发，凌晨12时后才能返回。回到宿舍后，他挑灯夜战，完成抢修总结、资料归档等一系列后续工作。高强度快节奏的工作让他每天躺到床上就马上入睡。

攻坚克难，啃下复电“硬骨头”

保电抢修任务需要克服时间紧、设备状况不熟悉、队员临时组合需要磨合、与属地单位需要加强沟通等问题，队员重大抢修任务，谭韬都是在一线组织协调，调配人员、制订方案。此外，本次保电任务中最难啃的两块“硬骨头”就是宏江瀚苑小区和德润一配开关站的复电。谭韬时刻以身作则，不畏艰险，带领抗洪保电分队冲在一线，充分发挥作为一名中共党员的先锋模范作用。

宏江瀚苑小区因电缆竖井中低压母线受潮，低压线路送不上电，1200户居民停电已超过6天。针对停电线路多、分队人员不熟悉设备的情况，谭韬钻入狭窄潮湿的电缆竖井中对设备进行逐项检查。通过分析设备特点，制订出分段拆除、分段检测、分段排查的抢修方案，极大提高了抢修效率，10小时内排查处理故障42处，在漆黑的夜晚为1200余户居民送去了光明。

德润一配开关站因站房漏水，站房内设备受损坏，造成周边学校和商铺大范围停电。德润一配开关站投运时间较长，设备状况极差，给抢修复电造成了很大的困

7月28日 谭韬在德润一配开关站组织讨论抢修方案（右一）

难。谭韬组织专业人员充分论证，制订了电缆临时过渡的方案，同时组织人员开展设备试验、电缆过渡、设备烘干清理分区域同步施工，经过漫长而艰难的抢修终于恢复了供电。谭韬一直奋战在抢修现场，长时间的作业让他双眼布满了血丝，但他不觉得累，只为能尽早恢复用户的供电感到欣慰和自豪。

“早一秒送电，群众生活就能早一秒恢复正常”。谭韬始终坚持“全心全意为人民服务”的信念，克服一切困难，安全有序组织开展抢修复电工作，为郑州抗洪保电战的胜利不断作出自己的贡献。作为抗洪保电分队临时党支部委员，在支援郑州抗洪保电期间，谭韬组织完成大型抢修工作任务11项，排查故障点28处，消除缺陷174处，恢复10千伏线路供电5条，为5800余户居民恢复供电，圆满完成保电任务。

抗洪保电　湘豫同心

——记国网益阳供电公司新桥河供电所所长钟志兵

◎文 / 李睿

钟志兵，男，1969年11月出生，中共党员，现任国网益阳供电公司资阳区供电支公司新桥河供电所所长。

在平凡的岗位上，他阔步向前创佳绩

2018年7月，时年50岁的钟志兵被调任到国网益阳供电公司新桥河供电所担任所长。当时的新桥河供电所常年排名垫底，整体工作作风萎靡。钟志兵来到新桥河供电所，凭借从业30余年、任职所长将近20年的管理心得，他重新梳理所内各项工作，找老员工聊过去帮他们重拾工作的初心，找青年员工聊未来牢记肩上使命，找领导汇报工作请求支援与当地各外部单位建立良好关系。有困难的解决困难，有心结的解开心结，有顾虑的打消顾虑。带领同事们一起，以问题为导向，结合新桥河镇整体经济发展状况以及负荷预测情况，统筹发展需求，2019年成功实现“一所一册整村推进”。

爱屋湾村原计划投资700万元，通过“一所一册”建立问题台账，在多专业协同下，优化设计方案，实现了精准投资，全面彻底地解决了改造范围内重过载、低电压、高线损、安全隐患、老旧接户线等一揽子突出问题，实际投资360万元。

改造成功后，售电量大幅提高，线损同比下降8.85%，新桥河供电所也因此成

钟志兵对变压器进行耐压试验

为全省“改必改好”的现场观摩点，成为行业标杆，学习的典范。

但钟志兵好像从未满足，也从未停下前进的脚步。在他的带领下，不断改善供电所的生产、生活环境，新桥河供电所打造的“五小”职工小家也很快成为全省示范，受到国家电网有限公司工会副主席童永红、国网湖南电力工会主席谭军武的高度评价，员工的归属感、幸福感和获得感也得到了有效提升。

人员管理好了，工作环境搞好了，钟志兵又开始在工作指标、优质服务上下功夫，主动带队上门走访辖区内用电大客户，为客户制定合理化节能用电方案，引导客户科学用电，现场解答客户用电难题。同时，钟志兵还将自己从业多年的工作经验，通过台区线损系统分析与稽查培训的方式传授给青年员工，并带队开展反窃查违，将所学用到实处，使学员掌握岗位技能，共同提升各项指标。

经过长期的努力，新桥河供电所的工作面貌焕然一新，清晰的岗位职责，高效的工作流程，公正的管理制度。自2018年以来，在钟志兵的带领下，新桥河供电所先后荣获国网湖南电力“安全工作优秀班组”，国网益阳供电公司“先进基层党组织”“安全工作先进班组”“转抓强先进单位”，同时还连续多年被评为驻镇部门“先进单位”。敢接烂摊子，敢破立革新，既能跟领导拍胸脯立军令状，也能跟下属

工作班成员在工作票上确认签名（左三为钟志兵）

同呼吸共命运。年过半百的人，还在工作之余，不断了解业内动态学习新技术，在他身上，新时代党员的初心使命熠熠生辉。

在人民需要的危急时刻，他主动请缨战一线

2021年7月20日，河南突发暴雨，灾情一度震动了全国人民的心，钟志兵看着受苦受难的血肉同胞坐不住了，在知晓公司将组建第二批共产党员服务队前往河南进行抢修保电时，钟志兵立即主动请缨前往河南。7月23日，驱车20多小时，钟志兵所在的队伍到达郑州。

“10千伏水34板古农线47–51号线路倒杆故障，道路受损严重，已经停电整整5天，必须马上前往抢修故障。”一到郑州，就是一场硬仗，在接到工作指令并与当地供电公司交流了解故障基本情况后，钟志兵与队友们连夜召开会议，研究制订工作方案。24号上午9时，抢修组赶往邙山，作为一名老党员，同时也是一名经验丰富的老师傅，钟志兵担任着抢修现场工作负责人的重任，他与队员们一起拆旧杆、立新杆，重新架设新线路，经过12小时的紧急抢修，22时30分，钟志兵和队友们协力完成了郑州邙山村的抢修送电任务，成功送电。

“你们休息休息吧，辛苦了！”这一天下来，不少市民路过的时候都连声称赞，钟志兵笑着摆摆手，“这是我们应该做的，你们也注意安全。”空旷的路上，他们坚守岗位的身影，也被路人拍下，“人民电业为人民”，钟志兵内心想着，也这样做着。

在抗洪保电的战场上，他连夜奋战送光明

7月26日晚23时，钟志兵和他的队员们又接到了紧急抢修的工作任务，这次要前往河南省委党校（新校区）家属区的地下高配室进行抢修。

一到抢修现场，钟志兵和队友们都深感压力重大，抢修现场环境条件相当恶劣，积水深达1.5米，要想开展抢修必须先将全部积水抽出、进行气体检测、对场地清污并消毒后才能进入作业，施工难度极大。

了解到这一情况后，后勤组立即行动，先对配电室内1号、2号配电间进行了卫

生清理并全面消毒。同时，主动对接物业，将用户管辖的17个低压配电间全部进行了卫生清理工作。由于进水受潮的高压室已经在水中泡了好几天，具有极大安全隐患，抢修人员必须要将高压设备解体消洗，烘干后才能进行试验、调试。“大家一定要注意安全”钟志兵作为工作负责人，更是身先士卒，面对危险情况第一个冲在前面，利用丰富的工作经验争分夺秒抢修受灾设备，同时不停地嘱咐着队员们要确保自身安全。历经三天两夜不停歇的奋战，终于在29日晚19时30分试送成功，周围的群众欢呼了，终于可以用上电了，此次抢修为2400余户居民恢复送电。

“电力师傅们，你们辛苦啦！从湖南那么远过来支援我们，这电来了，我们心里踏实了一大截，快快快，我们加个微信，等我们河南的洪灾退去，一定邀请你们来做客，再带你们好好感受我们的大好河南。”负责和抢修队对接的河南省委党校的工作人员老刘在抢修任务完成后赶忙拉住了钟志兵加了个微信。

抢修任务完成了，钟志兵又结交了一个朋友。这就是湘豫同心的力量，不仅“电”亮了河南人民的希望，也“电”亮了湖南人民和河南人民深深的友谊。

“我是党员，哪里有需要，哪里就有我们的身影，这次去河南，我一定会发挥党员先锋模范作用，践行党员承诺，践行‘人民电业为人民’的企业宗旨。”钟志兵在出发河南前斩钉截铁地说下了这段话，他也用实际行动兑现了自己的承诺。

钟志兵和队员在检查高压开关柜（左一为钟志兵）

抗洪保电中的"勤务兵"

——记国网益阳供电公司综合服务中心专责李鑫

◎文 / 王玉程

李鑫，男，1993年6月出生，中共党员，现任国网益阳供电公司综合服务中心小型基建专责兼国网益阳供电公司团委委员、本部团支部书记。

“这是我终生难忘的一个生日！我会全力以赴，继续当好抗洪保电中的勤务兵！”7月27日上午，河南省委党校家属区电力抢修现场，河南供电公司员工和群众给国网益阳供电公司抗洪保电队员李鑫送上了蛋糕和鲜花。李鑫在抢修现场度过了他的28岁生日。这次援豫保电经历注定将成为他最美的青春回忆。

保障在前，通宵达旦“采购员”

为持续增援因特大洪灾导致电力设施受损的郑州，7月23日，国网益阳公司派出第二批精兵强将，以及7台应急抢修车辆、2台后勤保障车辆驰援郑州。1993年出生的李鑫是队伍中最年轻的队员，也是一名经验老到的后勤保障人员。

出发前一天晚上得知消息，李鑫担心河南郑州市因洪水过后不方便采购物资，立即连夜购买生活物资，给每个出征的队员准备一个方便携带的收纳箱，统一标准，按需足量配置，装有洗发水、肥皂、毛巾、指甲钳等生活必需品，口罩、84消毒液、医用酒精等防疫物资，出征的9个车上都配备了急救箱。晚上11时，他听说

河南供电公司员工和群众为李鑫庆祝生日

抢修的设备都被水泡过，需要烘干，立即四处联系已关门的电器商店老板，拜托商家将电风扇、电吹风直接送到集结地点。清点完所有购买的物资后，李鑫看了看表，已经是凌晨4时了，第二天6时就要将物资装车，他为了不耽误出发时间，早一点将物资全部装车，直接就在办公室小憩了一会，7月23日一大早，益阳公司大门口，9台车辆装满必备物资和抢险人员，湖南电力东方红（周顺）共产党员服务队53名队员集结出征。

心系同事，使命必达“快递员”

“能够让兄弟们吃上热腾腾的白米饭就绝不会让兄弟们吃泡面！”这是李鑫心里的一条原则，只要到了吃饭的点，李鑫就把热气腾腾的盒饭送到队员们手中，怕队员吃不惯河南菜，还特意准备了腐乳、剁辣椒等“香辣”的家乡味。

7月24日，国网湖南电力东方红（周顺）共产党员服务队25名队员正在位于郑州邙山的10千伏水34板古农线47–51号杆线路倒杆故障处抢修，因道路受损严重，车辆进出困难，队员们正打算吃自热米饭的时候，李鑫已经带着采购的25份盒饭送了过来，队员们吃上了白米饭，做事更有干劲了。晚上22时30分，线路故障搭火送电成功。

“小太阳、电风扇烘干被水泡过的配电室干变等电气设备效率太低了，如果设备不除湿、烘干无法作业。小区配电室都在地下室，空气不流通会一氧化碳超标吧？”7月25日，听到在郑州市升龙国际C区的抢修人员这样谈论，李鑫心急如焚，他化身“跑腿代购”，四处奔走五金店补充工具和物资，因为他知道早一点采购到抢修工作，队员们就能早一点干活，受灾的居民们就能早一点来电。凭借干后勤的敏锐性，知道大型商场、酒店用的鼓风机吹干地面也可用来加快空气流通，他直接找到入住酒店经理，进行沟通，最终酒店不仅将自己的鼓风机拿出来，还联系周边的酒店大力支持，很快8台鼓风机送到了抢修现场；晚上11时30分，听说河南公司的物资仓库有除湿机可以领，李鑫连夜驱车前往距离驻地23公里的郑州祥和集团公司仓库领取除湿机，第二天一早带到作业现场对泡水设备进行除湿。因整个国网湖南电力公司援助河南保电队伍都缺除湿机，仓库距离酒店又远，益阳公司总共领取10台供兄弟单位使用。

“鑫哥，你看你搞后勤保障的，能不能搞一套工作服换洗，我们天天抢险，来不及洗身上的工作服，第二天臭死了！”“没问题，立即落实”，这是李鑫经常说的话，没有犹豫，只有落实落地，通过积极跟湖南公司联系申请，7月25日下午5时，60套工作服已送至酒店。

后勤不后，争当先锋“侦察兵”

每个车上都有急救箱，每次抢修都配备防暑降温药品，时刻关注抢修人员的身体健康状况是李鑫每天的日常工作。每次“接单”进场前，李鑫都会跟着技术人员先行进场查勘，7月25日，郑州市升龙国际C区抢修现场因泡水停电超过五天，地下室散发恶臭，李鑫戴着防毒面具，穿着防护服背着20多千克的杀毒剂，汗如雨下将整个地下车库消杀一遍。

为了让同事安全、安心工作，他时刻把“我们要保证自己的安全，才能更好地抢修”挂在嘴边，叮嘱大家在地下室抢修时佩戴口罩，注意防护。

李鑫在盘点仓库物资

闷热狭窄的地下配电室，气温一路飙升至40摄氏度，让人喘不上气来。水虽已抽了一部分，还是可以淹到脚踝。坚持了一个多小时后，同组后勤人员劝他先上去透下气，降下温，他却说“我还能行，出去一趟又得浪费一套防毒面具和防护服！”，密闭潮湿的地下室令人窒息，但在李鑫的带领下，队员们一鼓作气，排除万难，做到排查不留死角、不留隐患，经过长达4小时的作业，他们完成对小区8间配电室的消杀处理。

在抗洪保电攻坚战中，李鑫和其他后勤保障人员坚守岗位，每天全力以赴地奔忙，为抢修人员提供坚强的后勤保障，确保抢修保电工作顺利开展。无论这场仗有多么艰难，他内心始终信念坚定，因为他清楚，只要守护好抗洪保障的后方，前方也就看见了光明与希望！

李鑫在清理干净车辆，为队员们提供相对舒适的出行环境

一场特殊的"豫"见

——记国网芷江县供电公司安全总监、安监部主任补大春

◎文 / 袁小晴　周昱辰

补大春，男，苗族，1980年3月出生，中共党员，工程师，现任国网芷江县供电公司安全总监、安监部主任，国网怀化供电公司安监部安全监察专责（挂岗），芷江侗族自治县第八届政协委员。

面对河南多地遭遇的极端强降雨天气，一线的防汛救灾工作不曾停歇，前线的供电保障也从未间断……

在这个特殊时期，他闻令而动，戴上口罩逆行而上，全力做好应急抢险和抗洪保电工作，以实际行动践行初心使命。

在这个特殊时期，他活跃在防汛保电现场，与灾区群众始终想在一起，干在一起，用勇气与担当汇聚成一道“光明补给线”，冲锋在前全力以赴保供电，成就了一场特殊的“豫”见。

闻令而动，成就最美“逆行”

一场罕见的特大暴雨让河南上了热搜。河水倒灌，城市内涝，供电、通信等公共基础设施受损严重，人民群众生命财产安全面临严重威胁……频频报道的讯息，

在郑州市西堡新居保电现场组织展放电缆

时时牵动着全国人民的心。

千里之外，同心相连。7月22日19时42分，接到出征河南保电任务的补大春火速集结就位，经过简单的授旗仪式后，作为此次驰援郑州的东方红共产党员突击队队长，补大春带领5名共产党员突击队员，星夜奔赴，踏上了驰援河南郑州的抗灾保电征程。

7月23日19时39分，经过22小时的长途跋涉，补大春和队员们抵达河南郑州。顾不上赶车的疲惫，大伙儿内心只有一个念头“马上战斗！”只想着能多为灾区人民做些什么，自己苦点累点没事，多干才能让更多的小区用上电。

7月24日凌晨2时9分，补大春接到指挥部邓主任的电话，“请对接郑州公司王迪，对东三马路152号院进行发电保障，马上出发”。接到指令后，他紧急通知突击队员，2时20分，怀化公司党员突击队集合完毕，虽然这两天只休整了3小时，但队员们依旧精神抖擞。为了节省时间，补大春在路上一边布置工作任务，一边交代注意事项，务必以最高标准、最实措施、最硬作风恢复供电。

7月24日凌晨3时9分，补大春一行赶到东三马路152号院（新天地小区），与台区经理和物业公司对接，查看配电房受损情况，这中间没有停歇一秒。“配电房设备被水浸泡超过3米，设备上满是淤泥，不具备接入发电机保电的条件。”得知情况后补大春马上反映至指挥部，同时与台区经理积极沟通，联系运维检修部门做好处理工作，并时刻关注小区的供电恢复情况。

亮旗战“汛”，力保电力供应

7月24日，国网怀化供电公司官方微博收到了一条私信，“真棒，断电4天终于看到了希望！”这是一位来自郑州市民的感谢。

据了解，这位私信用户正是南五里堡西堡新居1800名用户中的一员，在国网怀化供电公司“驰援河南郑州”党员突击队到达前，该小区已经停水停电4天5夜了。

7月24日清晨，补大春和队友们得知该小区情况后，火速赶往南五里堡西堡新居，随即与小区物业一起对受损的供电设备进行了详细摸排，并对该小区电源及线路进行了详细检查。从检查的情况得知，应急电源车高于该小区地下车库入口，电缆长度有限，达不到接入的最短距离，对恢复供电造成了一定影响。

“积水多、长度有限、恢复供电难度加大……”面临的问题多、难度大，但保电就是义不容辞的责任与使命，补大春和队员们经过严谨商讨后敲定保电措施，立即决定重新制作展放新电缆，缩短小区配电房与应急电源车之间的距离，完善接入方案。制作新的电缆头可不是一件轻松的事情，拆除螺丝、更换负荷开关、制作电缆头……他们挥汗如雨，即使在现场工作环境条件较差的情况下，他们对安全的要求也没有丝毫的降低。电缆头制作完毕后，南五里堡西堡新居的居民们纷纷热心上前协助党员突击队一起敷设电缆，期间大家还一起加油，你一言我一语地鼓着劲，这些充满力量的话语使得在场的每个人都干劲满满地朝着同一个目标迈进，那就是齐心协力克服眼下的困难。

经过共同努力，接入工作十分顺利，终于在15时58分，西堡新居的电梯、水泵、公共照明接入发电机供电，成功解决了西堡新居的公共用电问题，结束了南五里堡西堡新居4天5夜的“零电量”生活。小区里一位年迈的老奶奶更是热泪盈眶地握着突击队员的手感叹着“太感谢你们了，你们来了，我们就安心了，现在终于电梯通了，楼道灯亮了，家里也有水了……”那一刻，补大春觉得再苦再累的付出都是值得的。

守土尽责，共同重建光明

为了保证南五堡西堡新居的正常供电，提供最优质的服务，补大春和队员们轮番值守，从清晨的6时开始值守，同时还不停地鼓励小区居民，让他们一定要相信在全国人民的共同努力下，拧成一股绳，河南一定能够渡过难关！

值守期间，补大春还多次联系属地单位的运维人员，问询故障排查情况，及时向物业和小区居民做好解释，争取业主理解与支持，连属地台区经理都忍不住夸赞“补队长真是热心！”

经过这3天的保电奋战，西堡新居恢复了正常的线路供电，补大春和队友与小区居民结下了深厚的友谊，他的手机微信里收到了一封珍贵的感谢诗，“洪水无情人有情，怀化兄弟传恩情。三天三夜来相伴，指引西堡向光明。牢记兄弟恩和苦，西堡姐妹记心中。郑州怀化本一家，来年相逢续真情。”南五堡西堡新居小区业主还留言道“因为你们的到来，使我们的委屈和苦累降到了最低，真的非常感谢。希

在郑州市西堡新居保电现场安抚居民

在郑州市西堡新居保电现场检查发电机燃油油位

望下次能有机会带你们欣赏一下我们河南作为七朝古都的风景。”这些话语都深深触动着补大春的心。

在撤离保电地点的时候，郑州市管城回族区人民政府、中共郑州市管城回族区委员会、郑州市管城回族区紫荆山南路街道办事处、郑州市管城回族区紫荆山南路街道党工委、河南永恒凯旋物业服务有限公司分别给国网怀化供电公司党员突击队送来了感谢“锦旗”。锦旗上熠熠生辉的大字，凝聚着人民群众对公司党员突击队的莫大信任和鼓励。补大春同突击队员们不负人民群众的期盼，用实际行动践行“人民电业为人民”的企业宗旨，湘豫同心，重建光明！

“为民解忧要热心，对待客户要耐心，提供帮助要诚心，真情服务要恒心。”这是补大春给自己定的服务准则，他始终恪守着这个准则，奔赴抗洪保电第一线，把初心写在行动上，把使命落在岗位上，全力以赴筑牢防汛保供电的最强防线。

我的援豫日记，我的家国情怀！

——记国网桑植县供电公司综合部主任李鑫

◎文／黄峰

李鑫，男，1979年1月出生，中共党员，现任国网桑植县供电公司综合管理部主任，曾在基层供电所担任多年所长，具有丰富的配电运维与抢修工作经验。

河南遭遇大范围极端强降雨天气以来，他积极响应国网湖南电力党委号召，踊

李鑫在应急发电车内监测发电机运行状况

跃报名，连夜赶赴河南郑州开展抗洪救灾保供电工作，圆满完成了桂园小区、河医社区的阶段性保电任务。

他在前线奋战的同时，还承担起通讯联络员的任务，将前线第一手宝贵资料即时发到后方，成为沟通后方心连心的桥梁。他的援豫日记，被河南电视台选中，河南广播电视公众号陆续刊发了他的三期日记，浏览量超过60万人次。河南人民从他的日记里，看到了湖南电力人的坚强、坚守，也深深感悟到了中华民族风雨同舟、共克时艰的家国情怀。

下面，就让我们重温他的援豫日记，以他的第一视角，来回顾这场没有硝烟的战斗吧！

2021年7月22日　集结号吹响！

河南遭受暴雨已经几天了，我在新闻里面看到河南的灾情，心如刀绞，恨不得能插翅飞到河南去支援。国网湖南电力系统已经有不少支援队伍赶去河南了，我很羡慕他们，不知道我有没有这个机会去帮助河南人民重建光明？

今天17时多，公司突然通知召开紧急会议，原来是我们国网桑植县供电公司接到省、市公司的指令，要组织一支队伍去支援河南。这个消息突如其来却又在意料之中，我的心情很激动，立即举起双手："我报名！我要去！我担任过多年的基层供电所所长，经验丰富，绝对能胜任这次任务！"总经理郭伟和其他领导商讨了一下，同意了我的请求，那一刻我激动得心脏都要跳出来了！

最终确认熊辉、我、廖梓山、杨爱国4个人去河南，熊辉担任小队队长，我担任小队通讯联络员。

我立即赶回家准备衣物、身份证和充电器等出远门的物品，同时告诉妻子我要去河南，妻子十分理解并支持我的决定："你是共产党员，去了可要好好干，不要给我们湖南人丢脸哦！家里一切有我，放心！"

再赶回到单位，各个部门的兄弟都在为我们出发前做准备。综合部在准备矿泉水、面包等生活物资，配电部在准备线缆等抢修物资，安监部在准备验电笔、绝缘手套等安全工器具，司机班把应急发电车加满了油……大家拧成了一股绳，高速运转，一切准备就绪！

20时，我们4个人带着大家的鼓励、期望和祝福，驾驶着一辆500千伏安的应急发电车出发了。今晚，按照国网湖南电力公司的指令，先赶到岳阳和其他兄弟单位的支援队伍汇合。

2021年7月23日　抵达郑州！

今天凌晨3时多，我们4人1车平安抵达了岳阳集结点。

早上7时半，起床，吃早餐，随后赶到了国网岳阳供电公司集合。

8时半集合完毕，接到指令，向郑州出发！

9时，我们已经在路上了。

一路上，我们没有心情领略两边的风景，只嫌19吨重的发电车速度太慢。

18时，风尘仆仆的我们到达了郑州，我们一边休整，一边等待指挥中心给我们分配任务。

2021年7月24日　放心，我们不走了！

今天凌晨2时20分，稍做休整的我们接到了指令，郑州市桂园小区急需恢复供电。

凌晨2时50分，我们赶到了桂园小区。物业小哥看到我们，激动地话都说不利索了，他引导发电车在小区配电房外停好。不多说废话，熊队长带领大家立刻进入工作状态。

凌晨7时，经过3个多小时的连线、调试、接入，桂园小区的水泵房和电梯等部分设备终于恢复了供电。小区居民早上起来发现家里有水了，电梯能坐了。

河南人民真的好热情。小区业主和物业人员纷纷送来了牛奶，矿泉水等物资，还热情地邀请我们品尝河南美食胡辣汤。我们万般推辞，业主韩旭生气地说：“你们跑这么远来无条件地支援我们，比亲人还要亲！亲人请你们吃个早餐怎么了！”那一刻，大伙觉得再苦再累，付出都是值得的。

在保电地点桂园小区，李鑫时时查看发电机运行状况

嗯，胡辣汤真好吃！

天亮了，我们彻夜未眠，连续奋战了5个多小时。尽管疲惫不堪，熊队长还是带着我们坚守在现场。小区配电房很潮湿，还不具备全面恢复供电的条件，我们和物业人员找来鼓风机、风扇，争取让配电房早一点风干。

我和同事们都想再多做点什么，自己累点没事，多干才能让更多的小区用上电啊。

天色暗了，我们把车上的工作灯点亮，照在业主回家的路上，路过的业主纷纷对我们竖起了大拇指。

按照原计划，我们保电到23时就要撤回驻地休息。22时，几位业主来到配电房，我把23时要撤离的计划告诉了他们。几位大妈小声说，是不是你们走了我们就停水了？没等我开口，物业人员回答说是的。大妈们没再说话，她们知道我们从凌晨2时到现在也没怎么休息，但她们的眼神流露出来的失望，我看得很明白。我和熊队长对视了一眼，异口同声说："放心，今晚我们不走了！"

我们4个队员商量了一下，分成两组轮流回基地休息，保证小区水泵房、电梯24小时不断电。

这个黑夜里，我们的发电车就是小区的太阳。

明天的太阳一定会升起，我们依然同在一个太阳下。

2021年7月25日　发电机，奥利给！

昨天晚上，为了桂园小区的人们能正常用水，我在发电车上对付了一宿。

今天下午19时左右，熊队长听着发动机的声音总觉得不对劲。有着三十多年驾驶经验的他围着车辆转了两圈，打着手电筒又趴着看了看车底，他站起来肯定地说，"是发动机尾气排放装置堵住了，发电机不会出状况的，开一个月都没事！"说罢，他爬进驾驶室轰了几脚油门，果然一切正常了。

发电机，奥利给！

2021年7月26日　黑夜终将过去，黎明即将到来！

昨晚一夜平安无事，我们的发电车持续浑厚地发出低鸣声，守护着桂园小区。

10时半的时候，家乡的同事通过微信告诉我们，一位在张家界工作的河南老乡侯女士，上午来到国网张家界供电公司办公楼，送上了一面“豫难而上 守望湘助”的锦旗，以感谢张家界电力人支援家乡河南。在异乡打拼的河南人民，心中也在无时无刻地牵挂着家乡呀！

侯女士委托同事告诉我们，“感谢张家界人民对我家乡的支援！有你们的负重前行，才有我们的岁月静好！我代表河南人民向你们致敬！”

那一刻，我深深感悟到了“风雨同舟、家国情怀”的含义。

11时半，兄弟单位的抢修队伍来了，小区业主们非常高兴，我们心里也安稳

顶着烈日工作中的李鑫，汗水已浸湿后背

了，希望今天抢修顺利，晚上能全部复电，正式恢复光明！

黑夜终将过去，黎明即将到来！

2021年7月27日　来电了！来电了！

从昨天中午到今天凌晨1时半，抢修顺利完成。

“哈哈哈！来电了！来电了！”随着变压器的轰鸣像美妙的音乐一般响起，现场守候的业主们喜笑颜开。

是啊，来电了，我们在这里的使命也结束了。熊队长带着队员们开始拆除发电设备，还待在这里的业主也帮我们卷线缆、收遮栏。

业主们渐渐散去，回家享受久违的光明。收拾完毕，已是凌晨2时多了。不忍心打扰这久违的安详与宁静，我们静静地离去，离开了我们坚守了72小时的阵地。

在保电地点河医社区，李鑫正在工作现场值守

中午12时，熊队长兴奋地对我们说："赶紧出发，新的任务来了。"

我们到达了新的"战斗"地点——河医社区。选好停车发电位置，社区干部带领着热情的居民帮我们干起活来。

今天的天气更热了，我们的工作服不一会就浸湿了，聚精会神干活的我们反而不觉得热。

下午13时40分，所有准备工作就绪，熊队长一声令下"启动发电机！"，这位可靠的"编外同事"又欢快地轰鸣起来。这个社区的负荷不大，我们的发电车完全能满足社区的生活用电需求。

几位居民飞快跑进家里又飞快地跑出来，开心地大喊"有电了！有电了！"。然后一位大妈走到我们面前，小心翼翼地问我们："空调能不能开呀？"熊队长笑道，"能开！能开！家里的电器都能开！"。

我们来之前，这一片已是7天没有电了。天气太热了，为了让社区居民晚上睡觉能用上空调，我让熊队长和廖梓山回驻地休息，我和杨爱国留下来通宵值守。

2021年7月28日　再见，郑州！加油，河南！

昨晚发电机一如既往地给力。

今天上午9时多，一位大哥和一位大妈，不约而同送来了冰绿豆沙和绿豆汤给我们解暑。他们说，我们都住顶楼，家里又有老又有小，谢谢你们通宵给我们供电，天气太热，你们喝点绿豆汤，别中暑了。

谢谢纯朴的河南人民，按规定我们不能接受你们的慰问物资，可身临其境，又怎能忍心拒绝你们的情谊！这份鱼水深情又怎是寥寥数语能表达出来的?！

今天，我们的保电任务就要结束了。

我们从桑植出发之前准备的生活物资很充足，我们4人清点了一下，留下返程路上吃的，把多余的水、方便面和自热米饭转交给社区，也算是为灾区再尽一点微薄的力量。

晚上22时25分，来自湖南国网娄底电力的发电车接替我们了。社区领导和部分群众知道我们这支队伍要离开了，给我们送来水果和感谢信，和我们合影留念。

我们的发电车离开的时候，路旁的人们和我们挥手告别："一路平安！你们辛苦啦！谢谢你们！下次过来玩！”

半夜时分，我们回到了驻地。

明天早上，我们就要动身返回家乡了。

再见，郑州！加油，河南！

后　记

回家的路上，我一直在回忆这几天的点点滴滴。美味的河南胡辣汤，得知晚上不停电雀跃欢呼的大妈们，身在异乡心中挂念着家乡的侯女士，解暑的绿豆沙绿豆汤……还有日记里没来得及写下来的怕黑的7岁小女孩小花蕊，在河南工作的桑植老乡——给我们送来家乡味道饭菜的庹大哥夫妇……

太多太多美好的回忆！

其实这几天我们做的只是平常的工作，只不过地点从桑植换成了郑州。谢谢所有关心我们的河南老乡！谢谢后方给予我们坚强的后盾！相信河南会很快满血复活！向所有奋战在一线的人们致敬！

风雨洗礼后的河南，必将更加生机无限！